Freiheitswahn
Irrweg des Zeitgeistes

Herwig Kerscher

Freiheitswahn

Irrweg des Zeitgeistes

Rediroma- Verlag

Bibliografische Information der Deutschen Nationalbibliothek:
Die Deutsche Nationalbibliothek verzeichnet diese Publikation in der Deutschen Nationalbibliografie; detaillierte bibliografische
Daten sind im Internet über http://dnb.ddb.de abrufbar.

ISBN 978-3-96103-417-8

www.rediroma-verlag.de
10,95 Euro (D)

Inhaltsübersicht

I. VORREDE **6**

1. Einführung *9*

II. IRRWEG DES ZEITGEISTES **16**

2. Freimaurerische Weltanschauung *21*
3. ICHsucht als Herrschaftssystem? *45*
4. Philosophie des Zeitgeistes *52*
5. Demokratische Tragödie *66*

III. UNGEIST DER FREIHEIT **77**

6. Bürokratisiertes Armutsverständnis *80*
7. Politischer Realismus und Krieg *85*
8. Sonderfall Nordkorea *99*

IV. UNGEIST DER WISSENSCHAFT **116**

9. Roboter: Fleischgewordener Golem *121*
10. Genetische Revolution am Menschen *131*
11. Vortrag der unheilvollen Art? *136*

V. FIN DE SIÉCLE **145**

12. Politische Maxime *150*
13. Vorstellungs- und Wertungswelt *154*
14. Gibt es eine Wahrheit über alle Dinge? *201*
15. Fin de Siécle *209*

LITERATUR **220**

I. Vorrede

»Einem zu freien Volk bringt
die Freiheit selbst Sklaverei«

Cicero,
Über das Gemeinwesen I,68

Freiheit als Schlagwort für das Selbstbestimmungsrecht des Einzelnen? In meinem Buch »Leuchtfeuer Freiheit« war diese Frage bestimmend, denn das Wort Freiheit bezeichnete nicht die tiefste, aber die lauteste Frage des 20. Jahrhunderts. Unmissverständlich greift diese Forderung ins 21. Jahrhundert und korrumpiert die lebendige Wirklichkeit durch ihre Laster und verdorbene Kultur. Im Ergebnis stand daher folgende Formulierung: »Der Versuch, den Freiheitsbegriff definieren zu wollen, scheitert bereits im Ansatz. Er kann nur scheitern, weil die Freiheit nur begrifflich gedacht werden kann und damit ist sie abstrakt. Der Freiheitsbegriff bezeichnet wie z.B. die Liebe etwas Nichtgegenständliches und existiert nur in der Vorstellungswelt des Individuums«[1]. Scharf unterschied ich zwischen der Forderung nach einer »ehrlichen und gewissenstreuen Überzeugung« gegenüber einer »falschen und erzwungenen Freiheit«. Unzweifelhaft liegt es in der Natur des Menschen, daß er diesen abstrakten Begriff missbraucht. Ich sage: das »Leuchtfeuer der Frei-

[1] Kerscher, Herwig: Leuchtfeuer Freiheit, Rediroma-Verlag, 2018, S.176.

heit« brennt nach wie vor. Nicht etwa bei den Leuten, die gewissenhaft ihrem Tagewerk nachgehen. Nein, vielmehr bei jenen, die der Wahrheit dreist widersprechen und den Freiheitsbegriff als universale Waffe verwenden. Worauf will ich also hinaus? Will ich eine neue Wahrheit in die Welt setzen? Nein, denn was ist Wahrheit (Joh. 18,31)? Ist sie relativ und abstrakt oder lebt sie in allen belebten und unbelebten Dingen? Dies ist meiner Meinung nach die zentrale Menschheitsfrage überhaupt, denn wir unterwerfen uns tagtäglich den unterschiedlichsten Wahrheiten. Damit komme ich auf den Punkt, nämlich das des Zeitgeistes, also »[...] jenem ominösen Geist der Veränderung, der die Kraft einer neuen Gestaltwerdung der Gesellschaft bildet.«[2] Durch die Anbiederung an das Ideal des Zeitgeistes wird der Wille des Menschen manipuliert und auf einen Irrweg geführt, den er niemals beschreiten würde. Dem Willen schulden wir den Dienst, der die Wurzel unseres Bewusstseins bildet und den wir stiefmütterlich behandeln. Schließlich bildet das Bewusstsein die Maßgabe der intellektuellen Lebendigkeit und damit die Voraussetzung für das ästhetische Empfinden. Wille und Ästhetik bilden damit eine Einheit, die uns von dem Primitiven unterscheidet. Dies sollte das Wesentliche in unserem Leben sein: die Abgrenzung vom Primitiven. Wir müssen uns ständig darin üben und uns von dieser Schwäche trennen; denn wo dem menschlichen Sinn nach Wille und Ästhetik fehlt, entsteht geistige Armut.

[2] Ebenda, S.10.

Ist dies das Endziel der Menschheit oder ein Zustand von heute oder morgen? Unmissverständlich bekenne ich, daß wir nicht nur Kritiker der Werke sein dürfen. Betrachten Sie den Irrweg des Zeitgeistes und erkennen Sie den Irrtum der vor drei Jahrhunderten erfunden worden ist und bis heute alle menschlichen Gesellschaften in den Wirbel gezogen hat. Lassen Sie sich von der Erkenntnis leiten, daß wir die Verwirklichung der Ziele des siécle de lumière der aufgeklärten Liberalität des 20. Jahrhunderts zu verdanken haben. Durchbrechen Sie daher diesen Lichtkreis und erfahren im »Fin de Siécle« mehr über die Wahrheit. Welche Konsequenzen ergeben sich aus diesen Themen? Stehen wir zu Beginn des 21. Jahrhunderts vor einer Zeitenwende? Wer oder Was steckt dahinter? Lesen Sie selbst und erfahren Sie mehr über die umfassende Natur einer im Freiheitswahn befindlichen Gesellschaft.

1. Einführung

»O wie barmherzig ist Gott, wie gerecht und fromm«.
Sigismund von Luxemburg, dt. Kaiser: 1433-1437

Wehe euch, die ihr das Böse gut nennt und das Gute böse![3] Diese Werteverdrehung müssen wir heute als Realität erkennen. Papst Pius X. (1903-1914) mahnte bereits mit diesen Worten die Menschen seiner Zeit vor dem drohenden Unheil des aufkeimenden Modernismus. Zu jener Zeit, zu Beginn des 20. Jahrhunderts erhob sich in den industriellen, modernistischen Staaten Europas eine neue Form der Forderung nach Freiheit. Leidenschaftlich wurde für die Autonomie des Individuums gekämpft und das Postulat der individuellen Freiheit weltweit ausgeweitet. Das Gesellschaftsbild der Aufklärung lehrte uns ein aufgeklärtes und freies Individuum. In der Verwirklichung des Parlamentarismus wurde der Mensch befreit und die Staatsverfassung zum Träger freier Individuen. Berechtigterweise können wir in der Sklaverei und Leibeigenschaft einen Zwang verstehen, den es zu überwinden galt. In diesem Sinne verstand sich auch der Freiheitsbegriff des 6. Jahrhunderts v. Chr. in Griechenland. Im Verlauf dieser Zeit fanden in den meisten Regionen Griechen-

[3] Chronik 1910.Tag für Tag in Wort und Bild, Chronik-Verlag, Dortmund 1990, S.112.

lands die Herrschaften der Tyrannen ein Ende. Involviert in diese Kämpfe waren die Spartaner, die von den Griechen herangezogen wurden, um sich gegen die Tyrannen zu befreien. Freiheit wurde in dieser Zeit als Beseitigung der Tyrannenherrschaft verstanden, unter denen die unzufriedenen Bürger eine »Sklaverei« verstanden. Konkret handelte es sich bei der »Freiheit« um einen Kulttypus, der um 522 v. Chr. auf der Insel Samos entsprang. Auf Samos ging zu dieser Zeit die Tyrannis des Polykrates (538 v.Chr. bis 522 v. Chr.) zu Ende und zu diesem Anlaß wurde der Kult des Zeus Eleutherios (Zeus der Freiheit) gegründet.[4] Freiheit, als Ausdruck des modernen politischen Grundbegriffs verdanken wir also der Konstellation zweier Phänomene. Erstens: Unabhängigkeit der griechischen Poleis gegenüber dem persischen Großreich im 6. Jahrhundert vor Christus. Zweitens: die Forderung nach Beseitigung der Tyrannenherrschaft, die im subjektiven Empfinden unzufriedener Bürger als Sklaverei verstanden wurde. Zu dieser Zeit »erkannte man eine steigende Anfälligkeit und Fragwürdigkeit der ererbten Anschauungen. Schon aus der Variabilität der Mythen und anderer Religionsvorstellungen von Polis zu Polis, ja von Dichter zu Dichter ergab sich eine Toleranz und eine Laxheit, die Zersetzungskeime in sich bargen.«[5] Mythen und Götterglauben wurden schrittweise aufgelöst, weil der aufgeklärte Mensch in ihnen ein Korsett der

---

[4] Fox, Robin Lane: Die Klassische Welt. Eine Weltgeschichte von Homer bis Hadrian, Klett-Cotta, 2010, S. 105.

[5] Franz Schachermeyr: Griechische Geschichte, W. Kohlhammer GmbH., Stuttgart, 1960, S.176 f.

individuellen Unterdrückung wahrnahm. Aufklärung ist damit keine neuzeitliche Grundstimmung: Griechischer Götterglauben und die »Engstirnigkeit in der Deutung der Naturphänomene als Äußerungen göttlichen Willens« wurden zur damaligen Zeit als geistige Belastung empfunden.[6] Nicht minder schrieb der römische Dichter und Philosoph Titus Lucretius Carus (Lukrez) in seinem Werk »Über die Natur der Dinge«: »Die Natur ist frei, ledig ist sie ihrer stolzen Tyrannen. Aus eigener Macht regelt sie alles, ohne Zutun der Götter. Bei allem Respekt ihrer heiligen Seele: Gelassen, in Frieden leben die Götter ihr unsterbliches Leben – wer denn hätte die Macht, des grenzenlos Ganze zu regieren?«[7].

Im Grunde offenbarte sich in dieser Äußerung bereits der Deismus, also die bezeichnende Gottesvorstellung der Aufklärung im 18. Jahrhundert, nachdem Gott - nach der Schöpfung - keinen Einfluss mehr auf die Welt nimmt oder durch Offenbarungen spricht. Problem der Antike war jedoch der menschliche Charakter der homerischen Götter. Dieser trat zu den sittlichen Forderungen des menschlichen Gewissens in Widerspruch und stieß ihn nicht selten geradezu ab. Zweifellos lag der Antrieb zur Fragestellung nach dem Wesen des Daseins nicht nur in einem profanen Erkenntnisverlangen begründet, sondern auch in einer

---

[6] Ebenda.

[7] Lukrez: Über die Natur der Dinge, Zweites Buch: Wider ein teleogisches Weltbild, Vers 1090, Verlag Galiani Berlin, 1. Auflage 2014, S.101.

Unzufriedenheit mit dem allzu naiven und in vieler Hinsicht einfach unzulänglichen Glauben der Väter.[8]
Alle Völker, die begannen das Weltendasein im Laufe ihrer Entwicklungsgeschichte zu hinterfragen, entwickelten eine Abkehr gegenüber ihren väterlichen Traditionen und Überlieferungen. Bewusst betone ich hier die Gedanken meines Buches »Leuchtfeuer Freiheit« und sage: es war nicht unbotmäßig, sich gegen eine übertriebene (ungerechten) Strenge zu wenden, die gerade in der Erziehung zu einer tiefen seelischen Krise führen kann. Auch ist der Mensch frei geboren. Was kann daher am Zustand der geforderten Freiheit falsch sein, wenn sie im Augenblick eingeschränkt wird, indem sie anderen schadet? Ist dies nicht der allgemeine Tenor unserer Gesellschaftsordnung? Hierin liegt der Irrtum. Die geforderte Freiheit schadet nicht anderen, sondern uns selbst. Indem wir uns selbst schaden, schaden wir auch unseren Mitmenschen. Warum? Hier möchte ich nicht über die unerträglichen Naturrechtsvergewaltigungen und ihrer Befürworter sprechen, als vielmehr über die aufgeklärte Liberalität: »[…] denn die Entarteten sind nicht immer Verbrecher, Prostituierte, Anarchisten und erklärte Wahnsinnige. Sie sind manchmal Schriftsteller und Künstler […].«[9] Triumphierend äußerte sich die Presse 2017 über die Anerkennung der Intersexualität als drittes menschliches Geschlecht. Überschwänglich lobte sie die Ent-

[8] Franz Schachermeyr: Griechische Geschichte, W. Kohlhammer GmbH., Stuttgart, 1960, S.177.
[9] Mordau, Max: Entartung, erster Band, 2. Auflage, Verlag von Carl Duncker, Berlin 1893, Statt eines Vorwortes.

scheidung des Bundesverfassungsgerichts als Höhepunkt der aufgeklärten Liberalität. Nichtweniger erhoffte sie sich, daß die »mentale Binarität« und »sprachliche Zweigeschlechtlichkeit der Rechtsordnung« aufgebrochen wird. Entsprechend bejahte sie auch die vielen Entscheidungen des höchsten deutschen Gerichts, die *»als außerordentlich […] und bewusstseinsprägend«* galten.[10] Außerordentlich und bewusstseinsprägend! Unschlagbare Worte im Namen der Liberalität; denn nach ihren Forderungen wurden alle Konventionen aufgelöst. Aufklärung und ungläubige Philosophie waren die Triebfeder dieser Entwicklung. Ihre Jünger wurden tragische Schöpfer gewissenloser Individuen, die in blinder Raserei ihren Leidenschaften hinterher hechelten. Gerne betrachteten sie in der Fülle ihres Geistes die Natur und übertrugen ihre Erkenntnisse in sämtliche Lehranstalten des Staates. In der Überzeugung, daß nunmehr die Vernunft der Maßstab des sittlichen Handelns sei, erwuchs in uns die Sehnsucht zur absoluten Freiheit. So lehrt uns die Vernunft, daß wir alle von Natur aus gleich seien und in Frieden und Eintracht miteinander leben müssen. Müssen wir nicht gegenwärtig und zukünftig erkennen, daß jedes dieser radikalen Einzelprämissen den destruktiven Elmenten den politischen Raum eröffnet? Destruktiv: weil derartige, libertäre Ideen in einem Staat zu ICHsucht, Dekadenz und einem materialistischen Wohlbefinden der Reformisten mit ihren salbungsvollen Pharisäermienen führen. Gewiss, es hat wenig Sinn, wenn wir uns gegenseitig bekämpfen und tyrannisieren. Die Be-

[10] Prantl, Heribert: Als Mann und Frau und als Drittes schuf er sie, Süddeutsche Zeitung, 9. November 2017, Nr.257, S.4.

folgung des Gleichheitsedikts führt uns aber in eine Schieflage. Wenn wir nämlich dieses Postulat billigen, dann entsteht aus der dadurch entstandenen Freiheit eine Art Selbstliebe, die uns zur Unfreiheit verführt: »In einer politischen Gemeinschaft, in der es keine Unterschiede zwischen Gleichen und Ungleichen gibt, steht der egoistische Wille im Vordergrund und die Einzelvernunft löst sich aus der Bindung der Autorität. In der Überzeugung, daß der Egoismus und die Autoritätsloslösung zum Vorteil aller gereichen, wird von jedem Individuum der Anspruch nach Selbständigkeit und Gedankenfreiheit erzwungen. Folglich ist die liberale Demokratie nichts anderes als eine Gleichschaltung aller zum Wohle der absoluten Freiheit. Freiheit wird somit zu einem absoluten Gegenstand. Dieser Gegenstand verselbständigt sich im Wesen des Menschen und erzwingt die Auslebung der bis dato kontrollierten Naturtriebe des Menschen. Kurzum, die Naturtriebe des Menschen verselbständigen sich und die Gesellschaften geraten in Anarchie und Chaos«.[11]

Politische Aufklärer verleugnen auch die Objektivität der erkennbaren Welt; d.h. für sie sind räumliche und zeitliche Anschauungen bloß Vorstellungen. Wie die Wirklichkeit an sich ist, bleibt ihnen verborgen; denn ansonsten dürfte man nicht davon ausgehen, daß »alle« Menschen dazu befähigt sind, ihre freie Zeit kreativ zu nutzen. Bei all dem dürfen wir auch nicht vergessen, daß der größte Teil moderner Dichter, Forscher, Philosophen, Wissenschaftler und Künstler Gott als Urheber der tatsächlichen

---

[11] Herwig, Kerscher: Leuchtfeuer Freiheit, RediromaVerlag, 2018, S. 193.

(objektiven) Welt verneint. Gott ist lediglich ein Postulat der praktischen Vernunft und für ihn gibt es in der modernen Welt keinen Platz mehr. Vielleicht ist dies der Grund, weshalb in der ersten Hälfte des 21. Jahrhunderts ein letztes Aufbäumen der fundamentalistischen Kräfte gegenüber den subjektivistischen Ideen stattfindet. Dieser Kampf wendet sich vorrangig gegen die Entthronung Gottes, die Auflösung des Nationalstaates und den ethischen Zeitgeist. Die Geschichte wird nicht stehen bleiben und daher beleuchtet Kapitel II. dieses grundsätzliche Denken. Kapitel III. betrachtet die Thematik: Ungleichheit und Armut; denn diese Probleme sind auch zu Beginn des 21. Jahrhunderts nicht verschwunden. Kapitel IV. beschäftigt sich mit der negativen Idealisierung der »Arbeit im 21. Jahrhundert«. Demzufolge müssen wir auch von dieser Last »befreit« werden; damit wir zukünftig in der Hängematte liegen können.[12]

Schlussfolgernd, konsequent und provokativ beendet Kapitel V. *den Lichtkreis über die Irrungen des Zeitgeistes und des liberalen Prinzips.* Zarte (liberale) Gemüter werden der darin beschriebenen Programmatik und des »Fin des Siécle« nicht folgen; aber für diese Herrschaften wurde dieses Buch nicht geschrieben. Vielmehr wurde es für Persönlichkeiten geschrieben, für die die Begrifflichkeiten: Tradition, Ehre und politischer Verantwortung keine Fremdwörter sind.

---

[12] KI, Künstliche Intelligenz: Wir können in der Hängematte liegen, National Geographic, Juli 2017, S. 84.

II. Irrweg des Zeitgeistes

Aufschwung und Abstieg eines Staates sind Geschwister. Diesen Ansatz greife ich auf und nehme ihn zum Anlaß, um meine *Theorie des globalen Freiheitsgedankens* zu beschreiben. Inmitten dieser engen Familienbeziehung liegen die tiefer liegenden Ursachen der globalen Unsicherheit, aus denen Staatszerfall und Armut erwachsen (Folgen). Es gibt deren zwei: die äußeren (sichtbaren) und inneren (seelisch-geistigen) Ursachen. Grundsätzlich begegnen uns im Alltag nur die äußeren. Diese werden in den Medien tagesaktuell zur Schau gestellt oder in politischen Gremien debattiert und nicht weiter verfolgt. Die seelisch-geistigen Ursachen entziehen sich gänzlich unserer Kontrolle; denn diese greifen weit in die Menschheitsgeschichte hinein. Von dort aus sind die Methoden und Bezeichnungen entsprungen, die uns das Alltagsleben erleichtern und bedrücken. Daher »[…] müssen Parteien unter euch sein, auf daß die so rechtschaffen sind, offenbar unter euch werden«, lehrt der hl. Paulus[13] und der hl. Thomas schreibt: daß »Gott die Bosheit der Haeretiker zum Besten der Gläubigen wendet und zulässt […] damit die Wahrheit desto klarer offenbart werde«.[14]

Wahrheit. Was ist Wahrheit? Dürfen wir uns die Forderung nach Wahrheit als reinen Erkenntnisgewinn vorstellen? Die wesentli-

---

[13] Heilige Schrift, Privilegierte Württembergische Bibelanstalt, Stuttgart 1913, 1.Korinther 11,19.

[14] Petersdorff, Egon von: Daemonologie.Zweiter Band.Daemonen am Werk, Christiana-Verlag, 1982, S. 15.

chen Positionen zur Wahrheit in der Wissenschaft sind deutlich formuliert. Hierbei handelt es sich um drei Theorien: a) Rationalismus, also die wissenschaftliche Theorie, die die Welt beschreibt, wie sie deduktiv zu erfassen ist. b) Empirismus, als wissenschaftliche Theorie, die Beobachtungsaussagen (aufgrund Sinneserfahrungen) trifft, um die Welt so oder ungefähr so beschreiben, wie sie ist. c) Konstruktivismus, als wissenschaftliche Theorie, die nicht die Welt beschreibt wie sie ist, sondern Konstruktionen, die von cartesischen (vgl. frz. Philosoph, Descartes, René) Ego, Geistern, Gehirnen, Diskursen oder sozialen Gruppen vorgenommen werden. In Kapitel V. werden wir uns näher mit der Frage nach der »Wahrheit« auseinandersetzen. An dieser Stelle sei gesagt, daß für mich die theologische Wahrheit der katholischen Kirche im Mittelpunkt steht. Die Formel der Wahrheit ist hierbei die Gottesliebe, die uns Menschen gewährt wird und uns einigen kann. In der Erfüllung dieser Botschaft liegt die Fähigkeit des individuellen Denkens (freier Wille). Dieser ermöglicht uns der gewaltsamen Zerstörung unseres Bewußtseins entgegenzuwirken. Er mahnt uns auch vor den falschen Versprechungen der zahlreichen Propheten und sagt: was nicht steigt, fällt. Die falschen Propheten des freiheitlich, liberaldemokratischen Establishments propagieren daher ein entgegengesetztes Denken. Diese Erkenntnis ist gelebte Wirklichkeit: Beispielhaft während des Hamburger G-20 Gipfels 2017, denn »das, was in Hamburg stattgefunden hat, zerstört die Grundlage unseres Zusammenlebens und die Substanz unseres Staates. Darauf hatten es die versammelten Straftäter aus Deutschland, zahlreichen Nachbarländern und ihre nachrichtendienstlichen

Hintermänner abgesehen. Der Rechtsfriede in Deutschland war das Ziel und dieser Rechtsfriede hat substantiellen Schaden genommen.«[15] Deutschland ist in Aufruhr. Lügen bedrängen die Wahrheit und das Drama einer sich destabilisierenden Nation nimmt Konturen an. Gezielt werden wir zu einem Wesen erzogen, das auf sich selbst zurückgezogen lebt, dessen hohe Formzucht, die innere Lehre, Haltlosigkeit und weitverbreitete Sittenverderbnis darstellen. Wir leben ein Dasein ohne Dienst. Gerade Kinder, deren innerliche Unruhe weniger die Folge ihres Wachstums als der Ausdruck ihres Charakters ist, bedürfen der erfahrenen Hand einer elterlichen Erziehung. Das Gegenteil ist aber der Fall. So orientiert sich der demokratische Sozialismus mitsamt seinen Gewerkschaften nicht mehr an den Hämmern der Not und des Elends der deutsch-nationalen Arbeiterschaft. Vielmehr wird die Entfremdung deutscher Gemeinden gefördert und soziale Hilfsmaßnahmen ins Leben gerufen, die nur den destruktiven Charakter des Menschen fördert. Tatsache ist, daß die bunt zusammengewürfelten multikulturellen Gemeinden – die in freimaurerischer Naivität geschaffen wurden – »plötzlich« die freiheitlichen, demokratischen Werte in Frage stellen. Inmitten dieses geistigen Biotops breiteten sich diese Ranken der Misswirtschaft und Klientelismus seit den 1970er Jahren aus und kumulierten in der europäischen Flüchtlingskrise 2015, ferner in

---

[15] Wird der Rechtsfrieden in Deutschland aufgekündigt?, Sputnik Deutschland, 09.07.2017. https://de.sputniknews.com/kommentare/20170709316521297-wimmer-g20-ausschreitungen-rechtsfrieden-deutschland/

den multikulturellen Ausschreitungen der Sylvesternacht 2016; so geschehen in Köln und anderen deutschen Städten. Die schweren Krawalle und sexuellen Übergriffen auf dem Schorndorfer Straßenfest 2017 verdeutlichen nur die geschaffenen Probleme. Konkret bedeutet dies: Nicht Deutschland schafft sich ab. Sondern Deutschland wurde bereits abgeschafft. Würde ich aber eine elitäre Erziehung genossen haben, würde ich mich zurückziehen und mein Privat- und Weltleben genießen; dabei andächtig in mich gehen und sich wie die ersten Christen über den Verfall Roms freuen.

Gewiss, die Einwanderungsfrage ist eine Herausforderung – eine Herausforderung für die Verteidiger der libertären Grundsätze. Im Bewusstsein der »Verteidigung libertärer Grundsätze und gemeinsamer Werte« wurde unser Grundgesetz geschaffen und die Möglichkeit der Volkswahlen. Das klingt gut und richtig. Leider müssen wir erkennen, daß die gewählten Volksvertreter im Sinne internationaler Interessen handeln. Die parlamentarische Demokratie als Herrschaft des Volkes ist eine Minimallösung. Nicht weniger setzt das Konstrukt des demokratischen Rechtsstaates einen Zeitgeist frei, der nur die minderen Instinkte der Mehrheit anreizt und fördert. Zweifellos lässt sich diese Behauptung anhand des Ergebnisses der Gemeinderatswahl in Wien 2015 belegen. Der zu diesem Zeitpunkt wieder gewählte Oberbürgermeister von Wien betonte im österreichischen Fernsehen, daß nicht mehr das prozentuale Wählervotum wichtig sei, sondern lediglich die zu erwartende Anzahl der Parlamentssitze. Obendrein sind der zügellose Drang zum wirtschaftlichen Wachstum und die damit verbundene Notwendigkeit der militärischen Sicherung von Ressourcen im Ausland ein weiterer Grund, die den multiethnischen Zustrom nach Europa begünstigen. Durch den internationalen Handel mit Waffen wurde ein Faktor geschaffen, der den Krieg im Nahen Osten nährt und die Dynamik der weltweiten Völkerwanderung zu Beginn des 21. Jahrhunderts vorantreibt. Diese Problematik wird uns in Kapitel III. wieder begegnen; denn darin stelle ich Fragen nach der sozialen »Ungleichheit« und dem Zusammenhang von Krieg und Armut.

2. Freimaurerische Weltanschauung

Im Jahr 2015 jährte sich der Sieg des preussischen Feldmarschalls Blücher und des Herzogs von Wellington über die europäische Herrschaft Napoleons. 1815 brach in Europa die Zeit der Restauration (Fürst von Metternich) an und in Lateinamerika entfaltete sich das politische Programm der Aufklärung (siècle de lumière) mit dem Bestreben, die Ideale von Demokratie und Freiheit heftig in die Welt zu tragen. Folgerichtig waren die Jahre von 1810 bis 1824 in Lateinamerika geprägt von Bürgerkrieg und Volksaufständen (vgl. z.B. Simón Bolivar, Francisco de Miranda, Carlos Maria de Alvear usw.) bis sich 1824 das ganze spanische Südamerika für unabhängig erklärte.

Woher kam dieser Ruf nach politischer Freiheit?

Erster Satz des hohen Gutes der Demokratie: Die Lehre der Humanität ist die »Religion« der Freimaurer. Diese ist bis heute die geistige Grundlage und der Ausgangspunkt aller ichsüchtigen Glückseligkeitspredigten. Die Idee der Humanität, also die »Entfaltung des edlen Menschentums, das in der harmonischen Ausbildung der menschlichen Kräfte und in der Herrschaft des Geistes über die eigenen Leidenschaften gründet und sich besonders in Teilhabe und Hilfsbereitschaft für den Mitmenschen, in

Verständnis und Duldsamkeit für seine Lebensart äußert«[16], bildet ein Prinzip und Zweck auf dem »Irrweg des Zeitgeistes«. Diesen Stolperstein und andere Unwegsamkeiten, die uns auf diesem Weg begegnen, müssen wir erkennen, denn die geforderte geistige Befreiung führt uns zur Ablehnung gesellschaftlicher Konventionen und zur »Befreiung« des menschlichen Bewußtseins; d.h. die Auslebung von Leidenschaften und egoistischer Triebe. Woher kam dieser Ungeist und welcher Gefäße bedient er sich noch heute?

Es begann in England: »Das erste uns bekannte Auftreten der englischen Entsprechung (freeston mason) bringt das Letter-Book H der Stadt London unter dem Datum 9. August 1376. Damals wurde der Gemeine Rat der Stadt abermals durch die Handwerksgilden gewählt. An 19. Stelle der 47 aufgeführten Vertretungen von Berufständen und Zünften finden wir die freestone masons als Fellowship of Presciption (als Gemeinschaft mit anerkannter Satzung, ein eingetragener Verein sozusagen), an 36. Stelle stehen die masons als Company (als Zunft)«.[17] Daher müssen wir bei der Betrachtung der Freimaurerei immer zwischen einer politischen Vereinigung (Verein/Orden) und einem Berufstand (Handwerk) unterscheiden.[18] Ihre Vollendung fanden die »humanitären bzw. spekulativen Maurer«, kurz: *Freimaurer*, als politische Bewegung[19] am 24. Juni 1717. An diesem Tag ver-

---

[16] Humanität, Meyers Großes Handlexikon A-Z, 2002, S392.

[17] Oslo, Allan: Freimaurer, Albatros Verlag, Düsseldorf, 2002, S. 54f.

[18] Ebda., S. 54f.

[19] Nach Deutschland kam die Freimaurerei 1737 durch die Gründung der Loge Absalom in Hamburg. Goeller, Tom: Freimaurer -

einigten sich vier Londoner Werkmaurerlogen zur ersten »Großloge von England«. Sie hat bereits um 1740 auch das politische Schlagwort der Französischen Revolution »Freiheit, Gleichheit, Brüderlichkeit« geprägt und die Disziplin der »humanen« Demokratie geboren: »Gleichheit und Freyheit sind die wesentlichen Rechte, die der Mensch in seiner ursprünglichen und ersten Vollkommenheit von der Natur empfing; der erste Eingrif in diese Gleichheit geschah durch das Eigenthum; der erste Eingrif in die Freyheit geschah durch die politischen Gesellschaften oder die Staaten; die einzigen Stützen des Eigenthums und der Staaten sind die religiösen und bürgerlichen Gesetze; um also den Menschen in seine Urrechte der Gleichheit, der Freiheit, wieder einzusetzen, muss man damit anfangen, jede Religion, jede bürgerliche Gesellschaft zu zerstören und mit der Abschaffung des Eigenthums endigen.«[20]

Die Lehre dieser Humanität umfasst alle Kirchen, Staaten und Schulen, Völker und Nationalitäten; denn sie ist weltweit gleich. Nicht minder gut predigt sie eine schrankenlose Grenzvernichtung. Diese Lehre war und ist die Voraussetzung für die Weltanschauung moderner Demokratien und des freien Spiels der Marktkräfte.

Aufklärung eines Mythos, Weltbild, 2016.

[20] Augustin Barruel: Denkwürdigkeiten zur Geschichte des Jakobi nismus, Bd.:3, Münster, Leipzig (1801), Signatur: Gall.rev.68 b-3, Bayerische Staatsbibliothek, Münchner DigitalisierungsZentrum, S.59.

Alle Mächte also, die auf Lockerung staatlicher, nationaler und sozialer Bindungen hinarbeiten vereinen sich mit den Inhalten dieser Philosophie. So treiben wir Missbrauch mit unserer Freiheit und beseitigen jedwede Art von Fesseln. Uns ist es gleichgültig geworden, was wir sind oder einst waren. Hauptsache ist, daß wir frei sind. Die Freiheit ist unser höchstes Gut und bedeutet: keinen Krieg, Zufriedenheit und Wohlstand. Diese Attribute sind erstrebenswert und unser größter Reichtum, so die Befürworter jener Weltanschauung. Daher meine bescheidene Frage: Schaffen wir uns dadurch wirklich eine bessere Welt? Ich halte diese Weltanschauung für eine Lüge. Alles, was Sie von ihr erhalten, ist Blendwerk und Tand.
Der biologische Mensch ist frei geboren aber eingebettet im Wirken und Schaffen jener höheren Macht, die wir in der Natur wahrnehmen und *nicht* mit dem »*göttlichen Baumeister der Erde*« gleichsetzen dürfen. Der französische Jesuitenpater Augustin Barruel nannte dies die »antichristliche Verschwörung« des Jakobinismus: »Unter der Begünstigung, durch die Anregung, den Einfluß und die Thätigkeit dieser Sekte sind alle jene großen Bubenstücke verübt worden, welche ein weitläufiges Reich mit dem Blute seiner Hohenpriester, seiner Geistlichkeit, seines Adels, seiner Reichen, seiner Mitbürger von jedem Stande, Alter und Geschlecht, überschwemmt haben. « [21]

---

[21] Augustin Barruel: Denkwürdigkeiten zur Geschichte des Jakobinismus, Bd.:1, Münster, Leipzig (1800), Signatur: Gall.rev.68-1, Bayerische Staatsbibliothek, Münchner DigitalisierungsZentrum, S14f.

Darin liegt die Ursache meines aufklärungsfeindlichen Denkens! Die Gesellschaften sind in Bewegung geraten, so wie der Typus Mensch selbst. Dazu musste es auch kommen, denn nur für wenige sind die überlieferten und traditionellen Werte ihrer Väter und Mütter noch Teil ihres Alltages. Ich meine damit das Wertesystem des allgemeinen frommen Vereins der christlichen Familie[22]. Doch was die Mehrheit der Menschen vor Jahrzehnten noch als verbindlich ansah, weckt heute bei nur wenigen noch romantische Vorstellungen. Dies ist im übrigen auch eine Errungenschaft der Emanzipation des menschlichen Geistes und in ihrem Sinne wurden die Vorstellungen und Zuschreibungen eines modernen Familien- und Alltagsbildes umso abenteuerlicher. Zwischen homosexuellen Ampel-Pärchen[23] und dem geschlechtergerechten Formulieren im Deutschen müssen wir kritisch diskutieren, wie die Öffnung der traditionellen Ehe zwischen Mann und Frau für »alle« praktiziert werden kann.

Gott hat den Menschen allerdings als Mann und Frau geschaffen (1.Mose 1,27). Sie ergänzen sich geistig und leiblich. Sie sind Gefährten auf dem Weg des Lebens. Die Geschlechtlichkeit prägt

---

[22] Hug, Josef: Die christliche Familie im Kampf gegen feindliche Mächte, Freiburg, Universitätsbuchhandlung, 1903, S.1.

[23] Homosexuelle Ampelpärchen erobern Europas Großstädte: Die Vielfaltampeln zeigen schwule und lesbische Ampelpärchen und setzen damit ein Signal für mehr Toleranz, Offenheit und Akzeptanz von gleichgeschlechtlicher Liebe, Panorama, welt.de, 31.12.2015 oder Flensburg setzt damit als erste Stadt in Schleswig-Holstein ein deutliches Zeichen in der Gender-Diskussion und versteht sich ein mal mehr als Vorreiter in Sachen Vielfalt: Die Stadt tickt bunt, Flensburg setzt mit Homo-Ampel Zeichen für Toleranz, Flensburger Tageblatt, 15.05.2017.

ihre ganze Person und macht sie zu Partnern (1.Mose 1,28). Gleichwertig sollen sie im öffentlichen und privaten Leben zusammenwirken: als Kollegen, Kameraden, Freunde, Eheleute – so lehrte uns dies die katholische Kirche. Ihrer Lehre nach hatte jeder – ob Mann und Frau, verheiratet oder nicht – die Aufgabe, seine Geschlechtlichkeit in der rechten Ordnung zu leben. Also einer Ordnung, die Ehrfurcht, Zucht, Rücksichtsnahme und Anstand verlangt. Würden wir dieser rechten Ordnung folgen, dann wäre dies sicherlich »human«, also im Sinne einer ehrlichen Kraftentfaltung und der Zügelung eigener Leidenschaften durch die Herrschaft des Geistes. Das Gegenteil ist aber der Fall und gegenwärtig versuchen wir nicht die Sitten zu verbessern, sondern leugnen die kirchlichen Dogmen, vermehren die Unordnung und lockern zu unserem und ihrem Nutzen die Zügel der Freiheit. So verachten wir, indem wir libertäre Leidenschaften tolerieren, die Autorität und Führung der römisch katholischen Kirche (Orthodoxie) und zerstören ihre Lehre, Verfassung und Disziplin. Um es deutlicher zu sagen: der ehemalige deutsche Bundestagspräsident Norbert Lammert formuliert in seinem Buch »Unser Staat, Unsere Geschichte. Unsere Kultur – Verantwortung für Vergangenheit und Zukunft« die Grundvoraussetzungen für ein derartiges Verhalten: nämlich das Vertrauen in die Institutionen einer freien, liberalen Wertegemeinschaft. Ferner deutet er, was konservative Politik meinen kann: So sei dies nicht die natürliche Vorliebe zur Machtstaatlichkeit nach innen und außen oder eine Verteidigung althergebrachter Hierarchien. Vielmehr sei dies die Vorsicht gegenüber den Versprechungen politischer Gestaltungsfreiheit. In diesem Sinne führt er über den »Patriotismus einer

Zivilgesellschaft« aus, daß es sich bei der freien Gesellschaft nicht um ein festgeschriebenes System von Gemeinsamkeiten handelt. So schreite diese ständig fort, »im Wechsel der Generationen und im Wechsel der Menschen, die auf einem Territorium miteinander leben«. Dies ist die passende Gelegenheit zu betonen, daß die allgemeine Emanzipation eben nicht im Einzelnen zu liegen und sich dem »Zeitgeist« zu unterwerfen habe. Vielmehr erfährt das Individuum im Staat und im Katholizismus die notwendige Organisation einer vitalen Gemeinschaft; denn nur in dieser erfährt die individuelle Sittlichkeit ihre Vollendung.

Politische Relativitätstheorie

In der Theorie des globalen Freiheitsgedankens – oder des postulierten Freiheitsideals - wurde das innerste Wesen des Menschen ignoriert und die Freidenker gehen davon aus, daß Freiheit und Gleichheit, also die Grundnormen der Aufklärung, auf das Handeln des Menschen übertragbar sind. Innerstaatlicher Wandel (Reformen) sollten und sollen dabei behilflich sein, die bestehenden Ordnungen weltweit zu revolutionieren, um den »neuen Menschen« zu schaffen. In meinem Buch »Leuchtfeuer Freiheit« habe ich die Methoden und Vorgehensweise einer derartigen Politik beschrieben. Erneut beziehe ich mich auf dessen Inhalt und betone, daß nach wie vor die Redefreiheit (Presse) ein Element ist, durch die die Ideen und Postulate der »libres-penseurs«, »liberi pensatori«, »Freidenker« und braven Fürsprecher der modernen Ideen[24] in den Ereignishorizont der Menschenmassen einfließen. Ich nenne diesen Ansatz: *Politische Relativitätstheorie des Zeitgeistes* und führe ihn hiermit fort.

Der erste Satz lautet: das Element der Redefreiheit ist relativ. Zweiter Satz: Relativ ist auch die geforderte »Bildung«, die in den Vordergrund der Theorie des globalen Freiheitsgedanken gestellt wird, denn der Verstand (=Intellekt) gilt für diese Freidenker als das nonplus ultra. Im irrigen Glauben an die Einzigkeit des menschlichen Intellekts (Averroismus) verkennen die demokratischen »Bildungspolitiker« die Natur des Menschen. Die Vorstellung was die Natur des Menschen – also das innerste Wesen - sein könnte, dürfen wir uns durch zweierlei Linien erklären: In erster Linie lehrte uns die Kirche, daß der Mensch sowohl ein körperliches als auch ein geistiges Wesen (Seele[25]) ist. Körper und Geist bilden eine Einheit, eine einzige Natur – die menschliche Person.[26] Ich sage bewusst: lehrte uns die Kirche, denn grundsätzlich »lehrt« die Kirche nichts mehr. Die Kirche ist durch die Irrtümer des Zeitgeistes – also jenem liberalen Geist ohne Gott – in ihrer Würde verkleinert und in Summa kann sie sich nicht mehr behaupten. So wird nicht mehr gelehrt, daß die menschliche Person ein körperliches und zugleich geistiges We-

---

[24] Nietzsche, Friedrich: Gesammelte Werke.Jenseits von Gut und Böse, Gondrom Verlag GmbH, Bindlach 2005, S.881.

[25] Seele, lateinisch Anima und griechisch Psyche. Als Lebensgefährten und Heiler benötigt die Seele weniger die Logik als vielmehr Amor (Liebe). Die Seele ist der göttliche Kern aller Dinge und bildet die Grundlage jedes Lebewesens.

[26] Katechismus der Katholischen Kirche.Kompendium, Pattloch Verlag, 2005, S.49.

sen ist (d.h. sie besitzt eine Seele). Vielmehr wird, gemäß dem Averroismus, die Seele durch den reinen Intellekt ersetzt. Damit beseitigen sie zwar die Unvollkommenheit der Seele: ersetzen sie aber durch die »Unvollkommenheit des Intellekts«. Diese Schwachheit erkannten unsere modernen Ideengeber und übten gezielt Einfluss auf den Willen der Menschen. Schließlich bildet der Wille die Grundlage unseres Bewusstseins und gibt ihm Einheit und alle Vorstellungen. Er ist es, »der wahre, der letzte Einheitspunkt des Bewusstseins und das Band aller Funktionen und Akte desselben: er gehört aber nicht selbst zum Intellekt, sondern ist nur dessen Wurzel, Ursprung und Beherrscher«.[27] Um überhaupt diesen Zusammenhang und damit die zweite Linie zu verstehen, bedarf es einer kurzen und prägnanten Darstellung. Arthur Schopenhauer erklärte die Theorie über unser Bewusstsein mit einem »Wasser von einiger Tiefe«. Dazu bemerkte er: »[...] so sind die deutlich bewussten Gedanken bloß die Oberfläche: die Masse hingegen ist das Undeutliche, die Gefühle, die Nachempfindung der Anschauungen und des Erfahrenden überhaupt, versetzt mit der eigenen Stimmung unsers Willens, welcher der Kern unseres Wesens ist. Diese Masse des ganzen Bewusstseins ist nun mehr oder weniger nach Maßgabe der intellektuellen Lebendigkeit in steter Bewegung, und was infolge dieser auf die Oberfläche steigt, sind die klaren Bilder der Phantasie oder die deutlichen, bewussten, in Wörter ausgedrückten Gedanken und die Beschlüsse des Willens«.[28]

[27] Schopenhauer, Arthur: Die Welt als Wille und Vorstellung, 2. Band, Insel Verlag, Erste Auflage 1996, S. 180.
[28] Ebenda, S. 174.

Folgen wir also der zweiten Linie; dann erkennen wir die Eindimensionalität unsers Denkens und damit den wesentlichen Teil unseres unvollkommenen Intellekts. So denken wir nicht dreidimensional wie es unsere Anschauung versinnbildlicht. Vielmehr vollzieht sich unser Denken eindimensional und damit erkennen wir Zusammenhänge nur sukzessive und können uns nur eines zur selben Zeit bewusst werden. Dies bedeutet, daß unser Denken nicht Multitasking fähig ist, d.h. wir können nicht mehrere Aufgaben gleichzeitig ausführen. Dies ist ein Irrtum unserer Internetgeneration und hat sich landläufig im Denken unserer Jugend ausgebreitet. Es ist nicht ohne Spuren geblieben, daß sich unser Gedankenlauf oft fragmentarisch zusammenfügt. Unzweifelhaft sind unser Gedächtnis und unsere Rückerinnerungen lückenhaft und dadurch werden wir unbewusst manipulierbar. Die Veränderungen unseres Denkmusters durch das Internet habe ich in meinem Buch »Leuchtfeuer Freiheit« beschrieben. Ich konnte feststellen, daß sich unser Denken und unsere Kommunikation durch die intensive Nutzung des Internets verändern. Es ändert sich nicht nur unser Denken und unsere Kommunikation, sondern unser ganzes Bewusstsein. Langfristig werden wir ein Teil des Netzes – transzendent - und verlieren uns im fortschreitenden Zeitalter der computervermittelten (Gemeinschafts-) Kommunikation. Einzig unser Wille könnte sich dieser Veränderung entziehen und dem manipulativen Charakter des multimedialen Kollektivs entziehen. Aber: In Erkenntnis dessen, daß der Wille die Wurzel unseres Bewusstseins ist, zieht man gegen ihn in den Krieg. Unmissverständlich müssen wir uns vergegenwärtigen, daß sich die Methoden dieser Kriegsführung unterscheiden. Sie sind sowohl manipulativ als auch subtil. In Zeiten der Wohlfühl-Musik und psychologischer Massenbeeinflussung durch die Werbeindustrie ist dies nicht immer nachvollziehbar. Ich betrachte diese Entwicklung als Folge einer inneren Methode und als Teil der Theorie des globalen Freiheitsgedankens. Diese liegt der Philosophie des Unglaubens und der Anarchie zugrunde, die ich im Folgenden anhand der Ansicht des französischen Jesuitenpaters Augustin Barruel beschreibe.

Philosophie des Unglaubens und der Anarchie

Der französische Jesuitenpater Augustin Barruel[29] erkannte das Wirken der Sophisten, Freidenker, Freimaurer und modernen Philosophen. Er wusste, daß sobald der Jakobinismus siegte, die Pläne und Schwüre dieser Sekte in Erfüllung gingen. Ebenso wusste er, daß es um unsere Religion, unsere Regierungsform, unsere Gesetze, unser Eigentum, gar um unsere Hütten und Kinder geschehen ist. Demnach endete die Französische Revolution von 1789 nicht am 24. Dezember 1799 mit der Inkrafttretung der Konsulatsverfassung, vielmehr wurden die Prinzipien der Freiheit und Gleichheit in allen (westlichen) Gesellschaften und kommenden Generationen getragen: »In der französischen Revolution

[29] Barruel, Augustin, S.J. (*2 Oktober 1741 in Villeneuve-de-Berg, heute zum Département Ardéche, + 5. Oktober 1820 in Paris) war Abbé und Domherr in Paris, französischer Jesuit, konservativer Publizist und Historiker.

[…] ist Alles, bis auf ihre entsetzlichsten Verbrechen vorhergesehen, überlegt, kombiniert, beschlossen, vorgeschrieben worden; Alles war die Wirkung der tiefen Verruchtheit, weil alles von Männern vorbereitet und eingeleitet war, die allein den Faden der Verschwörung hielten, der seit langem in geheimen Gesellschaften gesponnen worden, und welchen den günstigsten Augenblick zu ihren Komplotten zu wählen und zu beschleunigen gewusst haben«.[30]

Deutlich beschrieb auch der Medienwissenschaftler Norbert Bolz 2009 diese Entwicklung: »Zug um Zug hat die moderne Gesellschaft die Forderungen der Französischen Revolution verwirklicht: Die Forderung nach Freiheit wurde im Liberalismus des 19. Jahrhunderts erfüllt; die Forderung nach Gleichheit erfüllte der Sozialstaat des 20. Jahrhunderts; und die Idee der Brüderlichkeit wird der sorgende Kapitalismus des 21. Jahrhunderts verwirklichen. Dieser Begriff bezeichnet eine tief greifende ethische Aufladung der Wirtschaft. Die gemeinsamen Werte, die die globalisierte Welt zusammenhalten, bilden sich heute nicht mehr in der Politik, sondern im Buisness«.[31] Dieses (Un-) Wesen war die zentrale Triebkraft der bürgerlichen Revolutionen im 19.

---

[30] Augustin Barruel: Denkwürdigkeiten zur Geschichte des Jakobinismus, Bd.:1, Münster, Leipzig (1800), Signatur: Gall.rev.68-1, Bayerische Staatsbibliothek, Münchner DigitalisierungsZentrum, S.19.

[31] Norbert Bolz: Diskurs über die Ungleichheit, 2009, S. 166; vgl. auch Krisenzeit – ‚Wer jammert, hat schon verloren', http://www.welt.de/politik/Krise/article4203792/Krisenzeit-Wer-jammert-hat-schon-verloren.html, (Veröffentlicht am 28.07.2019).

Jahrhundert. Ich möchte den Sieg dieser Philosophie und die Zerstörung unserer Religion anhand der Entwicklung des Pontifikates von Papst Franziskus konkretisieren. Politisch nicht minder wichtig sind dabei die offen zutage getragene Häresien des Papstes und die stillschweigende Anerkennung der Ökumene, des Modernismus und Protestantismus durch die Mehrheit des Klerus. Mit dem Pontifikat des Papstes Franziskus 2013 brach der Damm des Unglaubens und der Anarchie. Anlässlich der Bischoffsynode 2014 las ich in der Ausgabe der »Süddeutschen Zeitung« vom 16.Oktober 2014 (Nr.238) den Artikel: »Heiliger Bimbam«. Wohlwollend wurde in diesem Artikel zur Kenntnis genommen, daß die Katholische Kirche ihre »Starre« gegenüber Ehe und Familie, Sexualität und Homosexualität aufbricht.

Mit Begeisterung wird von den Wortmeldungen und der »unerhört freien Debatte« gesprochen, die sich gezielt mit diesem Thema auseinandersetzen. Selbstverständlich wird über die Berliner Familienreferentin Ute Eberl gesprochen. Nach Angabe der Süddeutschen Zeitung sprach sie davon, daß sich die »Herren in Schwarz« erst mal in die Wohnzimmer setzen sollen, »um zu hören, wie es ihnen geht, statt über das zu urteilen, was in ihren Schlafzimmern geschieht«. Ganz zu schweigen von der Analogie des Wiener Kardinal Christoph Schönborn: »Vor 50 Jahren brach die katholische Kirche mit der Lehre, daß es außerhalb von ihr kein Heil geben könne. Nun erklärte sie: Auch in anderen Konfessionen und Religionen kann es Heil geben. Diese Gradualität könnte man auch beim Eheverständnis anwenden: das vollständige Heil wohnt in der kirchlich geschlossenen Ehe, doch es lebt auch in der gut geführten Beziehung ohne Trauschein oder unter

homosexuellen Partnern, die sich liebevoll ums Kind kümmern«. Ein erschütternder Zwischenbericht über die voranschreitende Auflösung der Katholischen Kirche. Gezielt wird darauf hingearbeitet, daß ein »Erdbeben« die Katholische Kirche erschüttert und sich die »Türen öffnen, die 50 Jahre lang verschlossen waren«, denn Homosexualität könne auch »die christliche Gemeinschaft bereichern«. Erkennen Sie das Wirken der Sophisten, Freidenker, Freimaurer und modernen Philosophen: »[...] Die Entarteten sind nicht immer Verbrecher, Prostituirte, Anarchisten und erklärte Wahnsinnige. Sie sind manchmal Schriftsteller und Künstler. Aber diese weisen dieselben geistigen – und meist auch leiblichen – Züge auf wie diejenigen Mitglieder der nämlichen anthropologischen Familie, die ihre ungesunden Triebe mit dem Messer des Meuchelmörders oder der Patrone des Dynamit-Gesellen statt der Feder oder dem Pinsel befriedigen. [...]«[32]
Hatten wir nicht gelernt, daß die christliche Ehe unauflöslich und ein hl. Sakrament ist? Ich frage Sie daher: Warum diese Umkehr und Verwirrungen? Warum wird bewusst die Katholische Kirche dem Ökumenismus geopfert? Warum finden wir das Heil nicht mehr in der Katholischen Kirche, sondern können es überall finden? Welchen Schluß müssen wir Katholiken ziehen, wenn wir zusehen müssen, wie die kirchlichen Behörden die Kirche mit der Revolution vermählt? Vielleicht finden Sie eine Antwort im Buch des Erzbischof Marcel Lefebvre: »Offenerer Brief an die ratlosen Katholiken«, erschien im Sarto-Verlag 2009.

[32] Mordau, Max: Entartung, erster Band, 2. Auflage, Verlag von Carl Duncker, Berlin 1893, S1.

Verschweigen möchte ich in diesem Kontext auch nicht die Empfehlung (Mehrheitsvotum) des Deutschen Ethikrates 2014 zum Inzestverbot: So »[...] empfiehlt die Mehrheit des Deutschen Ethikrates bezogen auf den Geschwisterinzest eine Revision des §173 StGB. a) Die Bestrafung des einvernehmlichen Beischlafs unter Erwachsenen (über 18 Jahre alten) Geschwistern sollte entfallen. b) Aufgehoben werden sollte des weiteren die Strafbarkeit des einvernehmlichen Beischlafs unter Geschwistern, wenn einer der Partner über 14, aber noch nicht 18 Jahre alt ist und die Geschwister nicht beziehungsweise hinreichend lange nicht mehr in einem Familienverbund zusammenleben und die künftige Wiederherstellung eines solchen Verbundes nach objektivem Ermessen nicht zu erwarten ist. Dagegen sollte die den erwachsenen Partner beim einvernehmlichen Beischlaf unter Geschwistern treffende Strafbarkeit aufrechterhalten bleiben, wenn der andere Partner unter 18 Jahren ist und die Geschwister in einem Familienverbund tatsächlich zusammenleben. Die Strafbarkeit sollte in diesen Fällen nicht nur den Beischlaf, sondern auch andere sexuelle Handlungen von erheblichem Gewicht erfassen. [...]«. Ich verweise lieber auf 1. Mose 18,20. »Und der Herr sprach: Es ist ein Geschrei zu Sodom und Gomorra, das ist groß, und ihre Sünden sind sehr schwer«.

Eine weitere revolutionäre Veränderung bildete das Apostolische Schreiben »*Amoris laetitia*« über die Liebe in der Familie. Entsprechend hatten »Kardinal Carlo Caffarra, Kardinal Raymond Burke und die beiden deutschen Kardinäle Walter Brandmüller und Joachim Meisner dem Papst am 19. September 2016 ihre Zweifel (Dubia) zum Dokument »*Amoris laetitia*« vorgelegt.

Nachdem sie der Papst keiner Antwort würdigte, haben sie ihre Dubia öffentlich gemacht«: […] Für viele – Bischöfe, Pfarrer, Gläubige – deuten diese Abschnitte einen Wandel in der Disziplin der Kirche an im Hinblick auf die Geschiedenen, die in einer neuen Verbindung leben, oder lehren ihn sogar ausdrücklich; andere dagegen vertreten, auch wenn sie den Mangel an Klarheit in den betreffenden Passagen und auch deren Mehrdeutigkeit einräumen, dennoch die Ansicht, daß diese selben Seiten in Kontinuität mit der vorhergehende Lehre des Lehramtes gelesen werden könnten und keine Änderung in der Praxis und der Lehre der Kirche enthielten.
Durch pastorale Sorge um die Gläubigen dazu bewogen, haben vier Kardinäle einen Brief an den Heiligen Vater gesandt, und zwar in der Gestalt von »Dubia« – in der Hoffnung, auf diese Weise Klarheit zu bekommen, denn Zweifel und Unsicherheit sind stets in hohem Maße schädlich für die Hirtensorge.
Die Tatsache, daß die Interpreten zu unterschiedlichen Ergebnissen gelangen, ist auch unterschiedlichen Weisen geschuldet, das christliche Leben aufzufassen. In diesem Sinne ist das, worum es in »Amoris laetitia« geht, nicht nur die Frage, ob diejenigen Geschiedenen, die eine neue Verbindung eingegangen sind (unter bestimmten Bedingungen) wieder zu den Sakramenten zugelassen werden können oder nicht. Vielmehr impliziert die Interpretation des Dokuments auch unterschiedliche, einander entgegengesetzte Zugänge zum christlichen Lebensstil. […]«.

Unterschiedliche Zugänge zum christlichen Lebensstil. Das ist der Kern – auch vorliegenden Buches. Gegenüber der Modernisierung, Liberalisierung und Verweltlichung könnte man hier von

einer Konterrevolution in der christlichen Kultur sprechen. Richtigerweise haben 2017 Dutzende konservative katholische Theologen, Priester und Religionsvertreter Papst Franziskus eine »*Zurechtweisung wegen der Verbreitung einiger Häresien durch das Apostolische Schreiben Amoris laetitia und anderer Worte, Handlungen und Unterlassungen*« ausgesprochen. Die »Correctio filialis de haeresibus propagatis« sollte zum Anlaß genommen werden, sich auch an die deutschsprachigen Bischöfe, Oberen und Medienvertreter zu wenden, um die katholische Lehre unverkürzt und unverfälscht zu verkünden und sie dementsprechend auch in der Praxis umzusetzen[33]. Welche Thesen des Papstes Franziskus widersprechen nun den von Gott offenbarten Wahrheiten?
Antwort: »Durch diese Worte, Taten und Unterlassungen und durch die oben genannten Stellen im Dokument *Amoris laetitia* hat Eure Heiligkeit auf direkte oder indirekte Weise folgende falschen und häeretischen Thesen unterstützt, die in der Kirche sowohl mit dem offiziellen Amt als auch durch private Handlungen propagiert werden:

1.) Eine gerechtfertigte Person hat nicht die Kraft mit der Gnade Gottes die objektiven Gebote des Göttlichen Gesetztes zu halten, so als wären einige der Gebote unmöglich zu halten für jene, die gerechtfertigt sind; oder als würde die Gnade Gottes, indem sie ein Individuum rechtfertigt, nicht unveränderlich und durch ihre Natur die

[33] Initiative: Katholisch bleiben, www.katholisch-bleiben.de, Stand 2017.

Bekehrung von jeder schweren Sünde bewirken; oder daß sie nicht ausreichend wäre für die Bekehrung von jeder schweren Sünde.

2.) Die Christen, die zivilrechtlich die Scheidung vom Ehegatten erhalten haben, mit dem sie gültig verheiratet sind, und standesamtlich eine neue Ehe mit einer anderen Person eingegangen sind (während ihr Ehegatte noch lebt), die also *more uxorio* mit ihrem standesamtlichen Partner zusammenleben und entschieden haben, in vollem Bewusststein der Natur ihrer Handlung und mit voller Zustimmung des Willens in diesem Status zu verbleiben, befinden sich nicht unbedingt im Stand der Todsünde, können die heiligmachende Gnade empfangen und in der Liebe wachsen.

3.) Ein Christ kann die volle Kenntnis eines Göttlichen Geseztes haben und willentlich entscheiden, es in einer schwerwiegenden Sache zu verletzen, und dennoch nicht als Folge dieser Handlung im Stand der Todsünde sein.

4.) Während sie dem Göttlichen Gesetz gehorcht, kann eine Person kraft desselben Gehorsams gegen Gott sündigen.

5.) Das Gewissen kann wirklich und richtig beurteilen, daß sexuelle Handlungen zwischen Personen, die eine standesamtliche Ehe eingegangen sind, obwohl eine oder beide sakramental mit einer anderen Person verheiratet sind, manchmal moralisch gut, erforderlich oder von Gott geboten sind.

6.) Die moralischen Grundsätze und Wahrheiten, die in der Göttlichen Offenbarung und im Naturrecht enthalten sind, enthalten keine negativen Verbote, die bestimmte Arten von Handlungen, die aufgrund ihres Objekts immer auf schwere Weise unzulässig sind, absolut verbieten.

7.) Unser Herr Jesus Christus will, daß die Kirche ihre immerwährende Disziplin aufgibt, den wiederverheiratenden Geschiedenen die Eucharistie zu verweigern und den wiederverheirateten Geschiedenen, die keine Reue wegen ihres Lebensstandes zeigen und keinen festen Vorsatz sich zu ändern, die Absolution zu verweigern.«

Die Freiheit des Lebensstils und des Denkens sind für die Menschen essentiell. Freiheit ist die Antwort auf alle Fragen und Probleme dieser Welt. Genannt seien hier z.B. die Freiheit in der Religion, der Medizin, Kultur, Freiheit in der Wirtschaft und Freiheit im Staat. Der Politikwissenschaftler und Staatstheoretiker Franz Neumann formulierte 1940, in Bezug auf die Bedeutung der bürgerlichen Freiheits- und Menschenrechte, daß die »Wahrheit einer Lehre [...]« sich in ihrer Kraft gründet. Sie, die bürgerlichen Freiheits- und Menschenrechte, verkörpern »die vollständige Entfaltung aller menschlichen Möglichkeiten [...]«.[34] Die Bedeutung dieser Ausführungen liegt in der Ansicht über die Natur des Rechts. Das Naturrecht, welches das juristische und politische Denken seit dem siebzehnten Jahrhundert bestimmte, stand im Gegensatz zum staatlich gesetzten positiven Recht.

[34] Intelmann, Peter (Hrsg.): Franz L. Neumann: Chancen und Dilemma des politischen Reformismus, Nomos Verlagsgesellschaft, Band 66, Baden-Baden 1996, S. 286.

Das Naturrecht – in Verbindung zur Theologie – sah vor, daß es in der göttlichen Ordnung oder im Wesen des Menschen, besonders in seiner Vernunft begründet lag (sog. säkularisierte Variante des Naturrechts). Die Grundgedanken des Naturrechts fanden bereits im Altertum Gefallen und namhafte Vertreter waren u.a. Heraklit oder Aristoteles: »Am häufigsten wird Sokrates (+ 399 v.Chr) als Gründer des Naturrechts genannt. [...] Nach Sokrates ist höchstes Ziel alles Handelns die Glückseligkeit – d.h. das Gute - das er dem Schönen und Rechten gleichsetzt. Das ist somit der Maßstab alles sittlichen Handelns, auch in der Politik, und an was die Stimme Gottes, das Daimonium, ihn stetig gemahnt. «[35]
Augustinus und Thomas von Aquin sahen ihrerseits im Naturrecht das von Gott der menschlichen Vernunft vorgegebene Gesetz. Die Aufklärung löste das Naturrecht aus der Verbindung zur Theologie und entwickelte es zum rationalen System. Namhafte Denker waren hierbei u.a. Hugo Grotius (Begründer des modernen Völkerrechts), Baruch de Spinoza (entwickelte 1662 in seinem Werk Ethik einen Pantheismus), Samuel Freiherr v. Pufendorf (Naturrechtslehrer und Kritiker der Verfassung des Heiligen Römischen Reiches), Immanuel Kant (Begründer der Transzendentalphilosophie) oder eben Rousseau. Jean-Jacques Rousseau formulierte besonders eindringlich den Begriff des Rechts und begrenzte die Souveränität der Gemeinschaft durch die Institutionalisierung des Rechtsbegriffs.

[35] Manser, Gallus M.: Das Naturrecht.In thomistischer Beleuchtung, editiones scholasticae, editiones scholasticae is an imprint of Ontos Verlag 2011, S.6.

Entsprechend formuliert er dies in seinem Gesellschaftsvertrag: »Unter der Behauptung, daß der Gegenstand der Gesetze immer allgemein ist, verstehe ich, daß das Gesetz die Untertanen als Gesamtheit und die Handlungen als abstrakte betrachtet, nie jedoch einen Menschen als Individuum oder eine Einzelhandlung. So kann das Gesetz wohl bestimmen, daß es Vorrechte geben wird, aber es kann niemanden namentlich welche einräumen; das Gesetz kann verschiedene Klassen von Bürgern schaffen und selbst die Eigenschaften festlegen, die das Recht auf diese Klassen geben, aber es kann nicht diesen oder jenen zur Aufnahme benennen; es kann eine königliche Regierung und eine Erbfolge festlegen, aber es kann weder einen König wählen noch eine königliche Familie benennen; mit einem Wort, jede Amtshandlung, die sich auf einen individuellen Gegenstand bezieht, gehört nicht zur gesetzgebenden Gewalt.«[36]

Folglich gilt; Inhalt und Form des Rechts (das Gesetz) müssen: Erstens allgemein gültig, Zweitens abstrakt und auf alle Personen und Fälle anwendbar sowie Drittens bestimmbar sein. Freiheit ist nichts anderes als die Bindung an ein Recht. Recht wird ein Gesetz unter einer regelnden und ordnenden Herrschaft. Recht ist demnach immer der Ausdruck einer gewählten Akzeptanz verallgemeinernder Rechte (Gesetze). Recht ist, was nach der Verfassung beschlossenes Gesetz ist (Rechtspositivismus). Dies geschieht in der Erziehung, der Entstehung der Leidenschaften, der Ordnung und der Herrschaft eines Individuums oder einer

[36] Rousseau, Jean-Jacques: Gesellschaftsvertrag, Reclam Verlag, 2008, S. 40f.

Minderheitsgruppe. Der Mensch wird zum Versuchsobjekt des Rechts, denn das Recht bzw. die Gesetze sind nicht konservativ. Sie können nicht konservativ sein, weil sich die Gesellschaft selbst verändert. Sie verändert sich in dem Maße, wie sich die Gesetze selbst verändern. Grundlage bildet das Verhältnis gegenüber dem Ausdruck sogenannter Volksrechte und demokratischer Ideale. Ohne Zweifel besitzt ein Volk nur ein Recht: gut regiert zu werden. Hierbei gilt uneingeschränkt die Weisheit aufgeklärter Absolutisten – »Nichts durch das Volk, sondern alles für das Volk«.

Erwachen der faustischen[37] Seele

In der Überzeugung, daß die Masse ohne Erfahrung und Überblick ist und sich nicht selbst regieren kann, erwuchs das Prinzip der Repräsentation, in der einzelne Personen für die Erledigung der Regierungsgeschäfte gewählt wurden. Dies ist das Geheimnis der parlamentarischen Demokratie und mit ihr wurde auch die parteipolitische Sünde geboren. Aber wir wissen, daß die Neigung zur Sünde nicht Sünde ist. Vielmehr liegt die Sünde im »wollen«, also im bewussten und willentlichen sündigen. In der

---

[37] […] Diese Züge wurden als das Faustische, als die Lebensform des abendländischen, besonders des deutschen Menschen verherrlicht. […] Goethes Faust ist zugleich Symbol des Mannes, der, von geistiger Anmaßung verzehrt, im Gefolge des Satans die Ordnungen von Welt und Menschen zerstört, solange er sich der göttlichen Gnade versagt., in Der Neue Herder. In 2 Bänden. Herder Verlag, Freiburg 1949, Band 1, Spalte 1068, Artikel „Faust".

Grundüberzeugung, daß der Anstoß und die Erregung durch die Untugend die Tugend stärken, erringt der Mensch innerliche Stärke. Entsprechend folge ich den Ansichten von Oswald Spengler[38], der klar erkannte, daß wir eine Verfassung mit einer außerordentlichen Stärkung der Regierungsgewalt und hoher Verantwortlichkeit vorlegen müssen, die nicht wie bis heute in Gestalt von Parlamentsverhandlungen auf der Gesetzgebung und Ausführung lastet. Angesichts der gesamteuropäischen Verhältnisse haben wir allen Grund daran zu zweifeln. Wir müssen daran zweifeln, denn Deutschland und Europa befinden sich kulturell und politisch im Niedergang. Unser Zeitalter wird nicht mehr von aufgeklärten Absolutisten geformt. Vielmehr orientiert sich der aufgeklärte Mensch an den geschaffenen Idealen jenes ominösen Geistes der Veränderung, die ihn seit der Französischen Revolution 1789 begleitet. Dieses Mysterium, das es zu enträtseln gilt, ist unterschiedlicher Natur und basiert auf dem postulierten Freiheitsideal der Französischen Revolution.

Das Schicksal des Volkes hängt nicht von Theorien oder Beschlüssen ab, sondern von Persönlichkeiten. Von ihnen hängt das Dasein ganzer Generationen ab. Jeder Philosoph von Beruf – unabhängig von allen Parteien jeglicher Couleur – ist gezwungen Teil jener Waffenschmiede zu werden, die sich für den Erhalt unserer Kulturfähigkeit engagieren. Diese Forderung ist als Ruf nach Autorität im Namen eines staatlichen Grundsatzes und einer höheren, absolut religiösen Offenbarung zu verstehen. Wohl kann sich daraus auch der Schrei nach hemmungsloser Freiheit aller

[38] Oswald Spengler: Preussentum und Sozialismus, C.H.Beck´sche Verlagsbuchhandlung, München 1922.

Rassen, Völker und Klassen entwickeln. Immer im Kampf gegen zwanghafte oder für inhaltslose Autorität. Autorität darf daher nicht als Zwang oder inhaltslosem Absolutismus verstanden werden. Daraus kann sich nur ein Extrem entwickeln: nämlich das Extrem einer Tyrannis. Ein ehrlicher und gewissenstreuer Ruf nach Freiheit ist aber die Freiheit der Seele und der Freiheit nach Gestaltwerdung der Persönlichkeit. Seele und Persönlichkeit werden damit Gestalt. Gestalt ist Typus und damit natürlicher Natur, der kein Streben nach methapysischer Allmacht ist. Die Natur ist begrenzt durch eine natürliche, absolute Ordnung und muss durch staatliche Grundsätze geschützt werden. Die Sehnsucht nach metaphysischer Allmacht ist eine Ausprägung um die Wende des 20. Jahrhunderts, die in ihrem praktischen Wirken scheiterte und als radikale Antwort auf das Zeitalter der Maschinen verstanden wurde. Damit ist der Kreis aber keineswegs geschlossen, denn die gesellschaftspolitische Singularität[39] im 21. Jahrhunderts bildet einen Sinneswandel, die in extremer Form die zerstörerischen Kräfte des Maschinenzeitalters in den Schatten stellen[40].

---

[39] [...] In der Singularität werden unser biologisches Denken und Dasein mit unserer Technik verschmelzen. Das Ergebnis ist eine nach wie vor menschliche Welt, allerdings jenseits unserer biologischen Wurzeln. Danach wird kein Unterschied mehr sein zwischen Mensch und Maschine, oder zwischen physikalischer und virtueller Realität. Falls Sie sich fragen, was dann überhaupt noch einen Menschen aus macht – nun, es ist einfach folgende Qualität: Unsere Spezies strebt von Natur aus danach, ihre physischen und geistigen Fähigkeiten über alle gegebnen Grenzen hinweg zu erweitern., Kurzweil, Ray: Menschheit 2.0.Die Singularität naht, lola books, 2014, S.10.

[40] Zinkant, Kathrin: Erstmals Eingriffe ins menschliche Erbgut erlaubt, Süddeutsche Zeitung, 1. Februar 2016, Britische Forscher sprechen

3. ICHsucht als Herrschaftssystem?

Zu einfach ist die Vorgehensweise traditionelle Konventionen zu wandeln, indem die Vorstellung was »normal« sei, durch einen übermäßigen Konformismus umgedeutet wird. Wir müssen verstehen, daß das gelebte Dasein mit Bräuchen und traditionellen Überlieferungen nichts Krankhaftes ist. Es unterstützt das gesunde Miteinander einer lebensfähigen Gemeinschaft. Gegensätzlich ist die Anbiederung oder Unterwerfung. Das Ausarten nach beiden Seiten, also der Unterwerfung oder der Auflehnung, ist abzulehnen und widerspricht einer gesunden Auffassung von Charakter und Stolz. In diesem Sinne sollte auch der Kampf des Individuums um seine Freiheit gegen die Gesamtheit verstanden werden. Sein Ursprung ist das »natürliche« Aufbegehren des Jüngeren gegen den Älteren: »Es ist der Kampf feindlicher Brüder oder also Schwestern. Die Ältere verlangt Anerkennung ihrer Autorität, die Jüngere strebt sich dieser zu entziehen, sie will mehr als ancilla theologiae dienen, sondern frei und selbständig ihr Werk treiben.«[41] Der demokratische Staat proklamiert die »Freiheit« für sich und seine »Brüder und Schwestern«, auch wenn sie mit juristischen Mitteln eingefordert werden muss. Die Debatte[42] über den Schweizer Bischof Vitus Huonder aus dem

von einem Triumph des Menschenverstandes: Ihr Land genehmigt erstmals Genveränderungen an Embryos [...].

[41] Prof. Paulsen, Friedrich: Einleitung in die Philosophie, 9. Auflage, Cotta´sche Buchhandlung Nachfolger GmbH, Stuttgart und Berlin 1903, S. 5

Bistum Chur, um ihn öffentlich zum Schweigen zu bringen, ist beispielhaft, denn das modernistische Weltbild von Ehe, Sexualität und Familie ist apodiktischer Natur. Die Forderungen nach Demokratisierung und Pluralität, auch in der Katholischen Kirche, unterliegen einem zwanghaften Muster. Abweichungen, Abspaltungen und Korrekturen der Sittenlehre werden gefördert: Abweichler verstoßen. »Die Zersetzung der katholischen Glaubenslehre durch falsch lehrende Theologen ist heute weit fortgeschritten. Sie ist fast vollständig in der katholischen Sittenlehre. Wir erkennen in Deutschland den Zusammenbruch der Moraltheologie«[43]. Die Bemühungen um einen Ausgleich zwischen den Idealen des »siècle de lumière« und des Katholizismus sind daher vergeblich und werden vergeblich bleiben; denn das modernistische Weltbild ist boshafter Natur. Sie ist boshafter Natur, weil die Modernisten nach wie vor behaupten, dass »die Befähigung des Menschen, sich in sittlicher Beziehung selbst zu bestimmen«[44], sei der Vernunft (oder dem Gewissen) geschuldet. Der politische Feuerwirbel von 1968 war es nun, der die sittliche Ordnung lockerte und die Zerreißung des Ehebandes gestattete. Somit wurde das Übel fruchtbar und die Lockerung des Gesetzes der Ehe wurde Wirklichkeit. In diesem Augenblick zerbrachen

---

[42] Theile, Charlotte: Ihr Blut soll auf sie kommen, Süddeutsche Zeitung, 10. August 2015; »Ein Schwulen-Verband zeigt den Schweizer Bischof Vitus Huonder an, weil der auf einem katholischen Kongress Bibelstellen als authentische Gotteswort vortrug, in denen die Todes strafe für Schwule gefordert wird.«

[43] May, Georg: 300 Jahre Gläubige&Ungläubige Theologie, 1 Auflage, Sarto Verlagsbuchhandlung GmbH Stuttgart, 2017, S. 918.

[44] Ebenda, S. 919f.

die Schranken der sittlichen Ordnung und das Geschwür der »siècle de lumière« zerfraß die Familie und Gesellschaft wie ein Krebsschaden. Die Folgen sind deutlich erkennbar und wir sehen sie mit eigenen Augen, denn »wo keine christliche Ehe, kann keine Familie sein; daher keine Erziehung, keine Treue, keine Gerechtigkeit, sondern Eigennutz, Unordnung, Barbarei, und das schönste Land wird ein Wald von Räuber«.[45] Wir haben es heute mit zwei Fronten zu tun: einerseits der weiterführende Kampf des »siècle de lumière« gegen religiöse Institutionen (Kirche und Islam) und anderseits der Kampf gewissenloser »Reformer« für die Beseitigung weiterer »alter Tabus« und das Entstehen »neuer Freiräume« im 21. Jahrhundert.

Im Bewusstsein, daß Partizipation, Volkswahlen und Gewährleistung sozialer Rechte zentrale Elemente unseres Grundgesetzes sind; erfährt die individuelle Sittlichkeit ihre demokratische Vollendung. Das klingt gut und richtig. Leider müssen wir aber erkennen, daß die gewählten Volksvertreter im Sinne ihrer eigenen Interessen handeln. Entsprechend setzt das Konstrukt des demokratischen Rechtsstaates einen Zeitgeist frei, der nur die minderen Instinkte der Gesellschaft anreizt und fördert. Dabei spielen die »Freiheitsrechte des Individuums« eine zentrale Rolle. Kardinal Ratzinger beschrieb diese Entwicklung in seiner Rede in Bogotá wie folgt: »[…] der Bereich der Moraltheologie […]« ist »[…] das Hauptfeld der Spannungen zwischen Lehramt und Theologen geworden, zumal hier die Konsequenzen am unmittel-

[45] Gall. Jos. Hug: Die christliche Familie im kampfe gegen feindliche Mächte.Vorträge über christliche Ehe und Erziehung, Universitäts-Buchhandlung (B.Veith), Freiburg (Schweiz), 1903, S. 165.

barsten fühlbar werden ... Verschiedentlich werden voreheliche Beziehungen, zumindest unter gewissen Bedingungen, gerechtfertigt; die Masturbation wird als ein normales Phänomen in der Entwicklung der Jugendlichen dargestellt; die Zulassung wiederverheirateter Geschiedener wird ständig neu gefordert ... Selbst in Bezug auf die Frage der Homosexualität werden Rechtfertigungsversuche unternommen: Es ist sogar vorgekommen, daß Bischöfe – aufgrund ungenügender Informationen oder aus einem Schuldgefühl von Katholiken einer ´unterdrückten Minderheit´ gegenüber – den gays Kirchen für ihre Veranstaltungen zur Verfügung gestellt haben. Dann gibt es noch den Fall `Humanae vitae´, die Enzyklika von Paul VI., die das ´Nein´ zu den Kontrazeptiva[46] bekräftigt hat und die nicht verstanden worden ist; sie ist im Gegenteil in weiten kirchlichen Kreisen mehr oder weniger offen abgelehnt worden«[47].

Die ICHsucht wird zur Regentschaft erhoben und der Staat verhindert schon rein verfassungsmäßig jede Möglichkeit zur wirksameren und günstigeren erzieherischen Beeinflussung des Volkes. Beispielhaft ist die Reform des Europawahlrechts[48] (u.a. Einführung einer europarechtlichen Sperrklausel), um unliebsame

---

[46] Empfängnisverhütendes Mittel.

[47] Pater Groppe (SJ), Lothar: Der Papst aus Deutschland.Vom Glaubenswächter zum Hirten der Kirche, in: Ratzinger, Georg/Zörb, Roger (Hrsg.), Zum 80. Geburtstag, Festschrift der Gesellschaft zur Förderung öffentlicher Verantwortung e.V. für den Heiligen Vater Papst Benedikt XVI. 16. April 2007, 2. Auflage August. 2007, S.113.

[48] Verabschiedung zur Reform des Europawahlrechts im Europäischen Parlament am 11.11.2015.

Politiker und Kleinstparteien aus dem Europäischen Parlament (EP) zu komplimentieren. Ich verweise aber darauf, daß das deutsche Bundesverfassungsgericht 2014 die deutsche Drei-Prozent-Hürde bei Europawahlen für verfassungswidrig erklärte, mit dem Hinweis, daß eine derartige Sperrklausel gegen die Grundsätze der Chancengleichheit der politischen Parteien und der Wahlrechtsgleichheit verstoße. Die fünf-Prozent-Hürde des Deutschen Bundestages wurde allerdings nicht von diesen Richtern in Frage gestestellt, denn hier sei es nötig die Funktionsfähigkeit des Parlaments zu erhalten. So sei die Bildung einer stabilen Mehrheit für die Wahl einer handlungsfähigen Regierung und deren fortlaufenden Unterstützung nötig[49].

Dieses ambivalente Verhalten ist unzweifelhaft ein Beleg dessen, daß die moderne Volksherrschaft das Versagen der gewählten Regierenden in sich birgt, die jeden Anreiz zum Guten verhindert und jeder Hemmung vor Schlechtem planmäßig entgegentritt. Aus diesem Grund ist es nicht überraschend, daß kommunistische Autoritäten versuchen, die Demokratie zu entmythologisieren. Die Vision dahinter formuliert der chinesische Politologe Pan Wei, indem ein neutrales System der öffentlichen Verwaltung zu schaffen sei, die streng und unparteiisch Gesetze vorschlagen und ihnen Geltung verschaffen. Im Grunde ist es das Ziel, die Wahlen abzuschaffen und die Entscheidungen von einer aufgeschlossenen, dem Gesetz unterworfenen Regierung treffen zu lassen. Demnach sollten wir uns für mehr Rechtsstaatlichkeit aussprechen und weniger für Demokratie. Die Demokratie ist eine

[49] Urteil des Bundesverfassungsgerichts zur Drei-Prozent-Sperrklausel, Urteil vom 26.02.2014 – 2 BvE 2/13.

Schöpfung die im engsten Zusammenhang mit der Umgestaltung Europas steht, denn in ihr kommt die extreme Form der allgemeinen Emanzipation des Einzelnen zum Ausdruck.

Offenbar wird dieses System nicht mehr uneingeschränkt vertreten. So müssen wir erkennen, daß der Staat nicht eine Organisation einer beliebigen Summe von Individuen sein sollte, sondern Organisation einer wehrfähigen Gemeinschaft. Sein Daseinszweck darf nicht allein die Sicherstellung wirtschaftlichen Wachstums, sondern die Pflege und Erhaltung des genuinen Volkes sein. Der russische Präsident Wladimir Putin sprach 2015 vom »Export sozialer Experimente« durch den Westen. Der moderne Mensch wird durch diese innerlich entzweit, weil ihm fremde Motive vorgegaukelt werden, die da heißen: Weltfrieden, Humanität und Willkommenskultur. Warum sollen wir diese Motive nicht durchbrechen? Die einen mögen diesen libertären Motiven und dessen Symbolen verfallen bleiben, um damit dem gleichen Verfallszustand ausgeliefert zu werden wie die Millionen Flüchtlinge, die rechtlos und heimatlos umherirren[50].

Die Millionen Flüchtlinge haben allerdings unsere westlichen Politiker selbst zu verschulden. Mit ihrer destabilisierenden, internationalen Politik und innenpolitischen Maßnahmen zur »Refugees-Welcome-Kultur« wurde der Bundesrepublik Deutschland schweren Schaden zugefügt. Mit diesen Verfehlungen haben sich die Befürworter des »siècle de lumière« selbst übertroffen. Vielleicht taten sie dies unbewusst oder im falschen

---

[50] Büscher, Wolfgang: Ist das die neue Völkerwanderung?, http://www.welt.de/politik/deutschland/article145532343/Ist-das-die-neue-Voelkerwanderung.html, 23.08.2015.

Verständnis zur »christlichen Nächstenliebe«? Wer weiß das schon. Die Erfahrung lehrt uns, daß die dadurch in Gang gebrachte Entwicklung zu einem Erodieren der bundesdeutschen Gesellschaft beiträgt. Deutschland ist zu einem Vakuum geworden, das Spielraum für Verbrechen, Gewalt und Übergriffe bietet. Die deutsche Bevölkerung ist zutiefst gespalten und uneinig in der Frage der Reaktion. Wie könnte diese aussehen? Ich versuche darauf in Kapitel V. eine Antwort zu finden. Allerdings ist der Zustand der kollektiven Hysterie weit fortgeschritten. Die europäischen Völker sind ermüdet und werden sich nicht mehr erholen. Die Schwachen haben das Zepter der Macht ergriffen und die Ichsucht als Herrschaftssystem etabliert. In diesem System haben sich die Starken den Errungenschaften der neuen Gesittung angepasst und sich ihrem Unvermögen politisch untergeordnet. Die Einförmigkeit des Kulturlebens und der Verwirrungen werden fortdauern bis sich die Gattung Mensch im Zeitalter der Singularität verliert. Dieser Zeitpunkt wird einen neuen Typus von Menschen schaffen und die »Renaissance« wird keine Zukunft mehr haben. Der »alte Typus« Mensch wird im 21. Jahrhundert verschwinden und seinem Erschöpfungszustand unterliegen.

Therapie ausgeschlossen…

4. Philosophie des Zeitgeistes

Die Zeit zwischen der dt. Revolution 1968 und dem Erscheinen dieses Buches gehört zu den folgenreichen Kapiteln der deutschen Geschichte. Die schlimmsten Befürchtungen sind wahr geworden und die alltäglichen Meldungen unterliegen einem Irrsinn, die uns verwirren und abstumpfen lassen. Unausweichlich sind wir in den tiefen Abgrund der postnationalen Wirklichkeit hinab gesunken und wurden der bescheidenen Daseinsmöglichkeit der Nachkriegszeit beraubt. Diese Überzeugung mag irrig sein und nicht dem guten Ton einer freiheitlichen, pluralistischen Gesellschaft entsprechen. Bekenntnis gegenüber der freiheitlich demokratischen Grundordnung ist das Stichwort. Ihr schlimmster Feind ist allerdings der freie Wille. Der freie Wille ist weder eine Eigenschaft der Daemonen, noch eine Willensentscheidung der Engel, die von Natur aus unwiderruflich im Guten wie im Bösen ist. Wohl ist sie eine »Naturveranlagung« - mehr eine Natur des Menschen als die der Engel, wie es der hl. Thomas ausführt. Zielgerichtet wird diese Naturveranlagung ins Visier genommen, um die gewachsenen, zwischenmenschlichen Beziehungen zu zerreißen. Ferner werden die internationalen Krisen und Konflikte weltweit vorangetrieben, damit die Menschen ihre traditionellen Bindungen und Identitäten verlieren. Dadurch entsteht eine Unruhe die eine neue Wirklichkeit vorbereitet. Die Gründe für diese Entwicklung sind vielfältig und komplex. Gemeinsam haben wir diesen Irrweg betreten und müssen nun tiefer durch die Ideenwelt der politischen Philosophie, Naturwissenschaft und

Technik schreiten. Warum? Darin finden sich die Zutaten der stetigen Veränderung, die wir den Zeitgeist nennen. Dieser Zustand ist das Erbe der klassischen Aufklärung und seiner Akteure. Die ihn beeinflussen sind all die braven Fürsprecher aufgeklärter Ideen und gemeinsam verfolgen sie das Ziel einer grenzüberschreitenden Verbreitung. Verstehen Sie? Extremismus und Fundamentalismus, also das kompromisslose Festhalten an politischen, religiösen Grundsätzen sind als Reaktion auf die Zerstörung der stammes- und allgemeingeschichtlichen Vorstellungswelt zu verstehen. Die Nation und das in ihr lebendig gebliebene histor. –religiöse Bewusstsein erfordert dessen strikte Verteidigung. Aber ich rede nicht von den Qualen eines veralteten Pseudo-Nationalismus oder Pseudo-Sozialismus, getragen durch eine naturwidrige Wirtschaftsdemokratie, die im Sterben liegt. Unterliegen Sie bitte nicht diesem Irrtum. Nein! Was zählt ist Typus, nicht die Namen und Vorstellungen eines liberaldemokratischen, bunten und vielfältigen Nationalitätengebildes mit ihren wechselnden Regierungen. Die Weichen sind aber schon lang gestellt. Auf ihnen eilt der Reformzug zur Veränderung unseres Bewusstseins und der damit notwendigen Schwächung unseres Willens, denn dieser beugt sich immer dem vorhandenen *Recht des Stärkeren*. Jedoch reicht dies noch nicht vollständig aus, um die Schwächung unseres Willens ganz zu erfüllen. Er kann weder durch Gesetze noch durch die Gesellschaft selbst verändert werden, denn »von ihm ist im Grunde die Rede, sooft ‚Ich' in einem Urteil vorkommt«.[51] Es ist notwendig,

[51] Schopenhauer, Arthur: Die Welt als Wille und Vorstellung, 2. Band, Insel Verlag, Erste Auflage 1996, S. 180.

daß noch ein weiterer Aspekt hinzukommt. Dieser Aspekt ist die allgemeingültige Form der Ethik. Die Ethik, der Normenkomplex sittlicher Größe (Moral), ist das Instrument aufgeklärter Philosophen, die darüber entscheiden, was richtig und was falsch ist. Sie ist es, was das Bewusstsein des Menschen prägt und ihn innerhalb einer Sozialstruktur zusammenhält. So resultiert aus der *Kraft der Ethik* die Forderung an das *Ich,* sich an das allgemeingültige Recht bzw. der Gesetze anzupassen, um nicht aus der Gesellschaft ausgestoßen zu werden. Dieses philosophische Wissen vom Sittlichen ist definierbar und wandelbar. Damit bildet sie neben der Kirchenlehre, die sich durch unwandelbare Dogmen auszeichnete, ein wandelbares Instrument der »fortschreitenden Welle des wechselnden ethischen Zeitgeistes«[52]. Heutzutage ist die Ethik der Faden die das *Ich* und damit das Bewusstsein des Menschen in ein Netz von Gesetzen einschließt, um somit die Gesellschaft – als Summe der Individuen – an sich zu binden. Der Zeitgeist ist demnach jener ethische Geist, den der Mensch durch sein Willen, sein Bewusstsein sowie seinen Intellekt formt. Wir schaffen uns den Zeitgeist selbst: d.h. der ominöse Geist der Veränderung, der die Kraft einer neuen Gestaltwerdung bildet, sind wir selbst. Gegossen in eine Zustandsform die wir *Zeitgeist* nennen. Durch ihn und mit ihm gestalten wir uns tagtäglich unsere Umwelt – positiv als auch negativ. Dieser Zustand ändert sich stetig; denn der Zeitgeist wirkt auch auf die vom Menschen geschaffenen Rechte und Gesetze. Es gibt zwar unterschiedliche

---

[52] Dawkins, Richard: Der Gotteswahn, Ullstein, 5. Auflage 2007, S.375.

Zeitgeister (Epochenabhängig): aber nur eine Wahrheit. Diese Wahrheit ist konservativ und unveränderlich, wir bezeichnen sie im Allgemeinen als *Naturgesetze, bzw.* Arthur Schopenhauer nannte es den *Weltwillen.* Naturgesetze sind feste Regeln, nach denen erfahrungsgemäß das Naturgeschehen verläuft: »Die Beweisführung für die Existenz des Naturrechts ist [...] schwierig, weil sie in etwas verankert sein sollte, das die positive Gesetzgebung fundamental voraussetzt und von derselben gar nicht erreichbar ist.«[53] Damit dieses geschaffene Normengefüge in sich gewahrt und bewahrt wird, schuf sich die katholische Kirche Dogmen. Sie festigte damit die offenbarte Wahrheit. Die Wahrheit liegt darin, ob es dem Menschen gelingt, Gott zu erkennen, denn wer aus der Wahrheit ist, der höret seine Stimme (Joh. 18,37).

Über die Architektur der Leidenschaft

Der Mensch wurde vom »Heiligen Geist« beseelt. Dadurch ist er in der Wahrheit und somit in der Lage diese zu ergründen. Dies tut er mithilfe seines Willens, seines Bewusstseins sowie seines Intellekts. Durch die Ergründung der Wahrheit kommt der Mensch Gott näher und hört seine Stimme. Im Rauschen des Urknalls, jenem gemeinsamen Augenblick der Entstehung von Materie, Raum und Zeit, hören wir die Stimme Gottes. Fügen wir dem Gesagten die Forderung nach dem Naturrecht bei, denn in

[53] Manser, Gallus M.: Das Naturrecht.In thomisitischer Beleuchtung; editiones scholasticae, 2011; S.24.

allen belebten und unbelebten Dingen liegt ein Höchstmass an göttlicher Ordnung zugrunde, dann ergibt die rationale Betrachtung Gottes als eine Personifizierung des menschlichen Intellekts, um das abstrakte und unfassbare Wirken Gottes zu erklären, Sinn. Gewiss, die Existenz Gottes kann weder bewiesen noch widerlegt werden. Aber das Wirken von allgemeingültigen Naturgesetzen ist ein Indiz für dessen Existenz. Gott ist – per Definition – ein raum- und zeitloses Wesen. Allerdings können wir uns von Gott eine Vorstellung machen und dies nennen wir dann Religion; d.h. wir Menschen haben die Selbe Vorstellung von Gott – aber in einer unterschiedlichen Weise wird er von uns charakterisiert. Soweit so gut. Selbstverständlich geht diese Beweisführung nicht mit der reinen Lehre der Katholischen Kirche konform. Daran wäre nichts auszusetzen; so lange diese Idee nicht von »Aufklärern« politisch missbraucht und somit das »gesunde Menschenbild« zerstört wird. Diese Sicht hat sich das 2. Vatikanische Konzil zu eigen gemacht und wird von aufgeklärten Pfarrern verbreitet[54], denn der weltoffene Mensch strebt zur Glückseligkeit, dem Guten als solchen, als höchstem Ziel. Daher das höchste Moralprinzip jener Klientel: »Ich will das Gute und

[54] Abbé Bigumira: Wir haben nicht dieselbe Religion, aber im Grunde haben wir viel gemeinsam wie die Brüderlichkeit und die Nächstenliebe. Vor allem aber glauben wir an denselben Gott. Das gemeinsame Ziel sei es, so der Pfarrer, am Aufbau einer neuen Menschheit zu arbeiten; Pfarrer führt Katholiken zum Freitagsgebet in Moschee - Warum überhaupt Moscheebesuche?, 17. Dezember 2015, www.katholisches.info/2015/12/17/pfarrer-fuehrt-katholiken-zum-freitagsgebet-in-moschee-warum-ueberhaupt-moscheebesuche/, Stand 28.02.2016.

schaffe das Übel«[55]. Im Namen der Nächsten- und Menschenliebe wird diese höchste Liebe gelehrt. Diese Kombination verführt uns zur falschen Überzeugung, daß wir alle Menschen auf gleiche Weise zu lieben haben. Wir werden auf einen Irrweg geführt und die falsche Akzeptanz einer toleranten Denkweise führt uns in eine Sackgasse. Mit anderen Worten: »[...] Die National- und patriotische Liebe ist ihm ein Abscheu, weil er die Gesetze der Nationen und die Gesetze seines Vaterlandes hasst. Sogar die Liebe seiner Familie verabscheut er, und setzt die allgemeine Liebe an ihre Stelle, weil er seine Mitbürger und seine Familie nicht mehr liebt, als den Chinesen, den Tartaren und den Hottentotten, oder den Barbaren, welchen er niemals zu Gesicht bekommen wird, und weil er gegen alle dieselbe Gleichgültigkeit heget. Er dehnt das Band, um seine Stärke und Wirkung zu vernichten. Er nennt sich Weltbürger, um aufzuhören Bürger in seinem Vaterlande, Freund in seinen Gesell-schaften, Vater und Kind in seiner Familie zu sein. Er sagt uns, er liebe alles von einem Pole bis zum andern, um nichts um sich her zu lieben. Das sind unsere Kosmopoliten.«[56]

Weltweit wurde eine Architektur errichtet, die ich als *»Architektur der Leidenschaft«* bezeichne und vom Haupt der französischen Aufklärung Francois-Marie Arouet, Voltaire genannt, ins Leben gerufen. Nun, Voltaire lehrte: »die Gleichheit der Rechte, die

---

[55] Im eigentlichen Sinne: Das Gute zu wollen, das Böse zu meiden (bonum est faciendum, malum vitandum).

[56] Barruel Augustin: Denkwürdigkeiten zur Geschichte des Jakobinismus, Bd.: 3, Münster, Leipzig (1801), Signatur: Gall.rev.68 b-3, Bayerische Staatsbibliothek, Münchner Digitalisierungs-Zentrum, S.192f.

Freiheit der Vernunft am Altar, passe nicht zum Reich dieser Kirche und dieses Evangeliums, das Unterwürfigkeit und blinder Glauben keine Geheimnisse verlangt, welche die Vernunft nicht begreifen kann. […] die Gleichheit der Menschen, die Freiheit der Natur, vertragen sich eben so wenig, mit der Unterwürfigkeit gegen die Regierung und die Gesetze eines einzigen Mannes, oder mehrerer, welche Parlament oder Senat heißen, und über das ganze übrige Volk herrschen, und dem großen Haufen Gesetze vorschreiben, die er nicht selbst eröffnet oder gegeben hat, die er nicht gewollt oder die er nicht mehr haben will.« Ich mache den Menschen keinen Vorwurf. Sie sind Opfer falscher Vorstellungen und Ideen. Wir werden tagtäglich manipuliert. Sei es durch das grenzübergreifende Internet, das Satellitenfernsehen, Smartphones oder sonstigen Technologie-Gimmicks. Die neuartigste Entwicklung 2016 ist die »Virtual Reality«[57], präsentiert beim Weltkongress der Handy-Hersteller in Barcelona durch Facebook-Gründer Mark Zuckerberg. In den letzten zwei Generationen ist die technologische Entwicklung exponentiell verlaufen und die technischen Veränderungsprozesse, dessen Auswirkungen uns nur langsam bewusst werden, schreiten rasant voran. Sie werden einwenden, daß die Druckerpresse ebenso manipulativ war. Nicht ganz, denn die »Druckerpresse band die Menschen an bestimmte Varianten der Nationalsprachen und festigte das Nationalbe-

---

[57] Virtuelle Realität, kurz VR, ist die Darstellung und gleichzeitige Wahrnehmung der Wirklichkeit und ihrer physikalischen Eigenschaften in einer in Echtzeit computergenerierten, interaktiven virtuellen Umgebung; www.de.wikipedia.org/wiki/Virtuelle_Realit%C3%A4t, Stand 28.02.2016.

wusstsein, während heute das Internet das Wissen eines jeden Landes auch den Menschen in allen Ländern zugänglich macht.«[58] Um das nochmals zu verdeutlichen: wir unterliegen einer noch nie dagewesenen Freizügigkeit in allen Bereichen. Laut eMarketer[59]-Prognose wird es im Jahr 2017 mehr als 3,4 Milliarden Internetbenutzer weltweit geben. Dieser historische Wandel der menschlichen Vernetzung wird zunehmen und Ungleichheiten in der Nutzung, Verwendung und Handhabung schaffen. Die Gesamtbevölkerung der Megastädte werden miteinander vernetzt und hinsichtlich ihrer Leidenschaften, d.h. ihrer Emotionen transzendent[60]. Natürliche Emotionen wie Liebe und Hass werden reduziert, um religiösen, moralischen oder politischen Enthusiasmus zu bändigen. Im Grunde wird damit das triebhafte Verlangen in eine künstliche Form gegossen.

Manipulation als Teil der Demokratie

Viel wurde und wird darüber geschrieben, daß sich die ethnischen, sprachlichen, religiösen und konfessionellen Bindemittel im postnationalen Zeitalter auflösen. Gewissenhaft wurden die Prämissen, die jenen Zustand hervorbrachten, beschrieben. Die

---

[58] Core, Al: Die Zukunft.Sechs Kräfte, die unsere Welt verändern; Siedler Verlag, München 2013, S. 180f.

[59] eMarketer is an independent market research company that provides insights and trends related to digital marketing, media and commerce, www.en.m.wikipedia.org/wiki/EMarketer

[60] Als transzendent gilt, was außerhalb oder jenseits eines Bereiches möglicher Erfahrung, insbesondere des Bereiches der normalen Sinneswahrnehmung liegt und nicht von ihm abhängig ist.

politischen Darstellungen reichen von diversen geostrategischen Visionen nationaler Vorrangestellungen im 20. und 21. Jahrhundert, notwendigen Paradigmenwechseln in Naturwissenschaft und Religion über Prognosen des wissenschaftlich-technischen Fortschritts im 21. Jahrhundert, die ebenso faszinierend wie schockierend für die Zukunft der Menschheit sind.

Der Mensch wird mit einer Detailfülle an Informationen bedeckt. Dies geschieht bewusst und zielgerichtet, um unsere Verhaltensweisen und Einstellungen unmerklich zu verändern. Eine derartige Vorgehensweise ist ein wesentlicher Bestandteil demokratischer Gesellschaften. Edward Louis Bernays, der Vater der Public Relations beschrieb diesen ungeheuerlichen Vorwurf wie folgt: »Die bewusste und zielgerichtete Manipulation der Verhaltensweisen und Einstellungen der Massen ist ein wesentlicher Bestandteil demokratischer Gesellschaften. Organisationen, die im Verborgenen arbeiten, lenken die gesellschaftlichen Abläufe. Sie sind die eigentlichen Regierungen in unserem Land.

Wir werden von Personen regiert, deren Namen wir noch nie gehört haben. Sie beeinflussen unsere Meinungen, unseren Geschmack, unsere Gedanken. Doch das ist nicht überraschend, dieser Zustand ist nur eine logische Folge der Struktur unserer Demokratie«.[61]

Ist dies ein Irrglauben? Nein, denn offen wird in demokratischen Parteien davon gesprochen, daß man auch in der Lage sein muss, einmal gewonnene und falsche Überzeugungen zu überdenken und einen politischen Lernprozess erfolgreich zu absolvieren.

[61] Edward, Bernays: Propaganda.Die Kunst der Public Relations, orange press, 2015, S.19.

Selbstverständlich entscheiden »demokratische« Personen über die »falschen Überzeugungen« und über den richtigen »politischen Lernprozess«. Kommt dies überraschend oder bedient man sich Bernays Buch Crystallizing Public Opinion, um die demokratische Propaganda auszubauen?
Sie werden einwenden, daß es keine Gruppen von Verschwörern gibt die an einem geheimen Plan arbeiten. Schließlich herrscht in Europa Demokratie und die gesetzgebenden Körperschaften, die aus freien Wahlen hervorgingen, müssen sich der Verfassung und dessen Hüter beugen. Gewiss, aber im Namen der Freiheit und Demokratie. Demokratie und Freiheit sind Komplizen in demselben Theaterstück. Ich zitiere Edward Bernays: »Moderne Propaganda ist das stetige, konsequente Bemühen, Ereignisse zu formen oder zu schaffen mit dem Zweck, die Haltung der Öffentlichkeit zu einem Unternehmen, einer Idee oder einer Gruppe zu beeinflussen. Die Praxis, bestimmte Assoziationen und Bilder in den Köpfen der Massen zu erzeugen, ist sehr weit verbreitet«[62]. Folglich dient die staatlich gelenkte (oder privat finanzierte) Propaganda in einer Demokratie dazu, daß der Souverän zu keiner unerwünschten Entscheidung kommt: gemeint ist das genuine Volk.
Die Abläufe und gesellschaftlichen Dynamiken dieser unsichtbaren Instanzen, die hier beschrieben werden, sind die Prämissen dessen was uns die Disziplin der »humanen« Demokratie als Terminus westlicher Prägung im Ausgangspunkt der Französischen Revolution 1789 gebar. Wir Menschen sind alle gleich und frei in unseren Eigenschaften, auch in Bezug auf unsere biologische Art,

[62] Ebenda, S.31.

die wir mithilfe der Technik überwinden. Die gezielte Lenkung dieser Freiheitsidee hat ihre Wirkung nicht verfehlt. Die wankelmütigen Massen folgen dieser reizenden Dame mit Namen Libertas und manifestierten ihre Wünsche in den Verfassungen demokratischer Staaten. Verschwörung ist daher nicht im Sinne einer verschworenen Gruppe zu verstehen die an einem geheimen Plan arbeitet. Nein, vielmehr müssen wir die »antichristliche Verschwörung« des französischen Jesuitenpater Augustin Barruel als Prozess verstehen: Dem schleichenden Prozess einer fortschreitenden Emanzipation des Menschen von moralischen, gesellschaftspolitischen und insbesondere kirchlichen Tugenden. Gezielt verbreiten einige Sophisten Botschaften, die im Innersten die Ideale der Aufklärung und des Rationalismus sind, und nach außen zur Herstellung allgemeiner und verbindlicher Regeln dienen. Dies geschieht im Namen der »vierfachen Demokratie«[63] oder einfach: »vierfachen Irrweg der Demokratie«. Verstehen Sie? Die gesellschaftlichen Veränderungen sind nicht Schicksal oder Zufall. Kriege, die diese Veränderungen in der Regel bewirken, dienen zur Erlangung von Macht. Macht ist kein realitätsferner Begriff. Vielmehr wird Macht real und sichtbar in der Manipulation des Gemeinwesens. Grundsätzlich ging und geht es immer um die Deutungshoheit des Gemeinwesens. Darin liegt die Krankheitswurzel der menschlichen Zivilisation, der inneren Kri-

---

[63] Als vierfache Demokratie bezeichne ich die Wesensmerkmale der Demokratie nach Hans-Joachim-Liebers (1993): Demokratie als komplexe Systembeschreibung, Demokratie als Legitimation politischer Systeme, Demokratie als Ordnungsprinzip, Demokratie als Verhaltensprinzip.

se des ganzen Staatswesens. Die Sophisten sind nur willfährige Vollstrecker und tragen eine geringere Schuld als die Menschen selbst. Die Tragik ist, daß die Befürworter dieser Politik offensichtlich die Erziehungsmacht der Gemeinschaft fürchten und den Einzelnen in seinem Kampf gegen die Gemeinschaft manipulieren und aufhetzen. Sie manipulieren ihn derartig, daß er in seinem Inneren tief gestört wird und in seiner krankhaften Umwelt nur noch das Materielle erkennt. Er lebt demnach in einer unnatürlichen Spannung zwischen namenloser Gesellschaft und hemmungslosem Individualismus.

Allerdings hat sich mit der aufsehenerregenden Wahl von Donald Trump zum 45. Präsidenten der Vereinigten Staaten eine Stimme gegen den Irrtum zu Wort gemeldet. Das Echo blieb nicht aus und der ehemalige Bundesaußenminister und Vizekanzler Joschka Fischer (SZ, Nr.287) konstruierte das »Ende des Westens«. Mit diesem Begriff tradierte er die transatlantische Welt, die aus den zwei Weltkriegen des 20. Jahrhunderts hervorgegangen war und in den folgenden Jahrzehnten die Weltpolitik dominierte. Selbstverständlich müssen wir, so betont Fischer, zwischen dem »Westen« und dem »Abendland« unterscheiden. Schließlich ist das Abendland zu Beginn des 20. Jahrhunderts untergegangen[64] und der Westen wird im 21. Jahrhundert untergehen. Schuld daran tragen aber nicht Herr Trump und seine Anhänger! Vielmehr sind die Gründe vielschichtiger und nicht über Nacht gekommen. Wir müssen wissen, daß aus den Forderungen der Aufklärung und des politischen Liberalismus sich das demokratische Ver-

---

[64] Spengler, Oswald: Der Untergang des Abendlandes, C.H. Beck, München 1922.

ständnis des 20. Jahrhunderts entwickelte. Es verkörpert die Forderung nach einer obrigkeitsfreien Herrschaftsform, also einer Herrschaftsform, die vom Volke auszugehen hat. Augenscheinliches Merkmal dieser Herrschaftsform bildet das Wahlrecht, die Gewährung von (liberalen) verfassungsrechtlichen Grundrechten sowie die Akzeptanz des Mehrheits- und Konsensprinzips. Insbesondere in der Akzeptanz liberaler Grundrechte liegt die Priorität der demokratischen Herrschaftsform, denn aus ihm leitet sich das moderne Demokratieverständnis als eine pluralistische und weltoffene Gesellschaftsform ab. Wie das Demokratieverständnis zu verstehen ist, lässt sich mit der Ansicht des Petitionsausschusses des Deutschen Bundestages zu direktdemokratischen Elementen erklären: »[…] Der Ausschuss merkt an, daß gerade gesellschaftlich umstrittene Vorhaben komplexe Fragestellungen aufwerfen, die in der Regel kaum mit einem einfachen »Ja« oder »Nein« beantwortet werden können. Darüber hinaus besteht aus Sicht des Petitionsausschusses grundsätzlich die Gefahr einer populistischen Ausnutzung des Instruments des Volksentscheids. Insbesondere in schwierigen europa-, finanz, wirtschafts- oder sozialpolitische Fragen könnten direktdemokratische Elemente unerlässliche, aber in der Bevölkerung auf Ablehnung stoßende Reformprozesse blockieren. Sie können aber auch zu gravierenden Konsequenzen führen, wie die »Brexit«-Abstimmung in Großbritannien am 23. Juni 2016 gezeigt hat. […] Ferner stellt der Petitionsausschuss fest, daß im Grundgesetz vor dem Hintergrund der Erfahrungen der Weimarer Republik weitgehend auf direktdemokratische Elemente zugunsten der Etablierung eines repräsentativ-demokratischen Systems verzichtet wurde […].«

Die Entscheidungen deutscher Politik werden immer mit dem »Hintergrund der Erfahrungen der Weimarer Republik« verbunden bleiben. Daran gibt es nichts zu deuten. Aus diesem Grund werden wir tagtäglich manipuliert, um die demokratischen Reformprozesse nicht zu behindern. Demokratische Reformprozesse? Ganz richtig, die Hintergründe dieser manipulativen Vorgehensweise beschreibe ich in diesem Buch und summiere sie unter der Bezeichnung des Irrwegs des Zeitgeistes. Ich führe sie fort unter dem Titel der demokratischen Tragödie. Diese findet nicht ihr Ende und die Verwirrung greift schamlos um sich. Auch im Namen der Gleichstellung aller Konfessionen, die sich Ökumene nennt. Sie kann uns nicht unberührt lassen, denn diese wird »durch eine große Zahl von Hirten begünstigt […], bis hin zum Papst selbst«, so die Oberen der Priesterbruderschaft St. Pius X.

Der lettische Regisseur Alvis Hermanis brachte es 2015 auf den Punkt, warum er nicht mehr bei dem »Refugees-Welcome-Zentrum« des Thalia Theaters in Hamburg mitmachen wollte: »Ich denke nicht, daß meine politische Haltung radikaler ist als diejenige einer Mehrheit von Europäern. Wir teilen den Enthusiasmus hinsichtlich offener EU-Grenzen und unkontrollierter Einwanderung nicht. Vor allem im Osten Europas verstehen wir diese Euphorie schlecht. Wer glaubt denn allen Ernstes, vierzig Millionen polnische Bürger, um ein Beispiel zu nehmen, seien Neonazis und Rassisten?«, so Hermanis. Wenn sich osteuropäische Staaten von der EU distanzieren, tun sie dies zu ihrem Selbstschutz, um ihre Identität als Nation zu wahren. Um Licht in das Dunkel dessen zu bringen, warum »alle Polen Neonazis und Rassisten« seien, die die »Refugees-Welcome-Kultur« kritisch hinterfragen, müssen wir uns in das konsequente Denken einer wehrhaften Demokratie vertiefen:

Demokratische Tragödie

Die Wahrheit der Tragödie liegt im Schmerz. So lautet ein Urteil des Bundesverfassungsgericht, daß eine Bestrafung wegen Verunglimpfung des Staates möglich sei, wenn die Äußerungen »zumindest mittelbar geeignet erscheint, den Bestand der Bundesrepublik Deutschland, die Funktionsfähigkeit seiner staatlichen Einrichtungen oder die Friedlichkeit in der Bundesrepublik Deutschland zu gefährden.« Darüber hinaus lehrt uns das Toleranzedikt der Demokratie, daß die Toleranz im selben Augenblick zu enden habe, wenn sich ein Gegensystem mit Allgemeinheitsanspruch herausbildet. In der Tat ist die Treue zur Verfassung keine Leerformel, denn der Staat wird dazu ermächtigt jene Übereinkunft zu schützen. Jeder der sich weigert dem aufgeklärten Gesellschaftsbild der Demokratie zu folgen, wird geächtet und zu seiner Freiheit gezwungen (sog. präventive Funktion der wehrhaften Demokratie). Entsprechend unterwerfen (bewusst und unbewusst) sich die Bürger dieses Staates diesem Edikt und dem »Treiben der Modernisten«. Objektiv gesprochen duldet der Staat Meinungsfreiheit und Meinungsvielfalt. Meinungsfreiheit endet allerdings im Augenblick der Kritik an der pluralistischen Gesellschaft und dem Entwurf eines Gegensystems. Unzweifelhaft spiegeln die Gedanken des griechischen Philosophen Platon (*427 v.Chr.,+348/347 v.Chr.) die Wirklichkeit wieder, wenn er mit Recht davon sprach, daß ein Übermaß von Freiheit, beim einzelnen wie beim Staat, in ein Übermaß von Knechtschaft führt. So formulierte er, daß »die Tyrannis aus keiner anderen Verfassung als aus der Demokratie, aus der höchsten Freiheit die tiefste und härteste Knechtschaft« entstünde. Die liberaldemokratischen Eliten sind es nun, die die »weltoffene Gesellschaftsform« seit Jahrzehnten fördern und einen politischen Widerstand mit allen Mitteln bekämpfen. Inbrünstig wird eine weltoffene Gesellschaftsform gepredigt, um den Forderungen der Aufklärung und des politischen Liberalismus gerecht zu werden. Die Wahrheit des demokratischen Verständnisses ist tatsächlich eine Tragödie und der Schmerz liegt ihrer Verkörperung nach in einer obrigkeitsfreien Herrschaftsform. Insbesondere in der Akzeptanz liberaler Grundrechte liegt die Priorität der demokratischen Herrschaftsform, denn aus ihm leitet sich das moderne Demokratieverständnis als eine pluralistische und weltoffene Gesellschaftsform ab. In der Art und Weise, wie diese Gesellschaftsform vertreten wird, setze ich die Gedanken des spanischen Diplomaten und Denkers Juan Donoso Cortés (1809-1853) entgegen, der klar erkannte, daß »in der philosophischen Zivilisation die Vollkommenheit darin zu finden sei, keinerlei Fesseln irgendwelcher Art zu haben«. Ich betone: die freie Meinungsäußerung ist relativ und ihrer praktischen Bedeutung der politischen Willkür unterworfen. Die Freiheit der Meinungsäußerung erschöpft sich und erweist sich als impotent. In diesem Sinne führt die Sanktionierung der Freiheit zu einem »Paradoxon der Demokratie«.

Der ständige Wechsel (Wiederwahl) demokratischer Parteien, die im übrigen nicht mehr dem Willen der Bürger entsprechen, steuert zwar die Verfolgung des Egoismus einzelner Abgeordneter, aber sie verhindert nicht die politische Lüge. Vielmehr bilden die politischen Parteien und Verbände turnusmäßig eine parlamentarische/außerparlamentarische Opposition (APO) gegen die Regierung und damit gegen den Mehrheitswillen des Volkes. Der Wille des Volkes ist einerlei, denn ihm wird eine parlamentarische Opposition entgegengestellt. Der Philosoph und Theologe Georg May beschreibt dies mit folgenden Worten: »[...] Moderne heißt fortschreitende Polarisierung der Bevölkerung und Aufeinanderfolge von Krisen in Volk und Staat. Zur Moderne gehören der rücksichtslose Kapitalismus und der brutale Klassenkampf, die das Volk zerreißen und Erbitterung schaffen. Moderne bringt den Parlamentarismus hervor. Der Parlamentarismus erzeugt Parteien und begünstigt so die Zersplitterung der Gesellschaft. Parteien sind in der Regel parteilich, suchen ihren Wählern Vergünstigungen zu verschaffen und ihre Nichtwähler abzustrafen. Parlamente sind unverantwortlich. Ihre Beschlüsse brauchen die Parlamentarier vor keiner Instanz zu verantworten. Modern ist die Aufrichtung des Prinzips der Mehrheit: Mehrheit statt Wahrheit. Die Mehrheit kann alles. Sie ist an keine unumstößliche metaphysische Norm gebunden.«

Demokratie und Parlamentarismus heißen Permissivität[65] und Libertinismus, Zügellosigkeit und Ausschweifung: sie sind die Attribute der Moderne.

Nation und Volk fragmentiert?

Die Sylvesternacht 2016 änderte unser Bewusstsein. Die Vorstadtidylle der Nachkriegszeit, die Errungenschaften der »Sozialen Marktwirtschaft« und die sich daraus entwickelte »Wohlstandgesellschaft« ist passé. Warum? Nun, durch eine jahrzehntelange Zuwanderung veränderte sich schleichend das Gesellschaftsbild des deutschen Staates. Unverhohlen sprechen Soziologen und Bildungsforscher darüber, daß die gegenwärtig Zuwandernden bereits ohnehin schon in eine Einwanderungsgesellschaft vorstoßen. Weiterhin wird für eine liberale Familien-

[65] Duldung, Toleranz.

politik geworben, um durch die Verbreitung feministischer Glaubenssätze die Frauen in den Arbeitsmarkt zu bewegen.

Die Befürworter dieser Politik debattieren darüber hinaus über die Frage »was denn Heimat sei«. Sie debattieren darüber in Ost und West, Wissenschaft und Praxis. Worüber diskutieren sie denn? Etwa über die unterschiedlichen leiblich-seelischen Züge des Menschen? Nein. Vielmehr wird auf allen Ebenen der Gesellschaft eine einwanderungsfreundliche Politik betrieben, so daß der »bunte und ethnisch heterogene Staat« Wirklichkeit geworden ist. Traditionalistische Anschauungen werden als skandalös gebrandmarkt und verteufelt. Allerdings dürfen wir uns diesen naturrechtlichen Idealen nicht verweigern, wenn wir über Heimat und Nation sprechen. Schließlich bildeten sich aus den westgermanischen Völkerschaften der Völkerwanderungszeit die deutschen Stämme und diese schufen sich ein gemeinsames Staatsgebilde – vormals »Reich« genannt. Der Staat war im 19. Jahrhundert nicht die Organisation einer beliebigen Summe von Individuen, sondern Organisation eines Volkes. Zweck dieser Organisation war nicht primär die Wohlfahrt seiner Bürger, sondern die Pflege und Erhaltung seines Volkes. Natürlich war und ist dies für den aufgeklärten Demokraten kein schöner Zustand und nur schwer erträglich. Allerdings war dies ein natürlicher Prozess, um aus den Bauern, Bürgern und Arbeitern ein gemeinsames Volk zu schaffen.

Was ist die Nation?

Verwenden wir den Begriff »Nation« gleichbedeutend mit dem eines »Volkes«, schufen sich die alten Ägypter den ersten Nationalstaat, welcher für die nächsten hundert Generationen das Ideal für die staatliche Ordnung wurde. Etwa im 3. Jahrtausend vor Chr. errichteten die Pharaonen zwischen Ober- und Unterägypten ein umfassendes Staatsgebilde; denn das Volk eines Nationalstaates ist vereint in seiner Abstammung sowie im Besitz einer gemeinsamen Sprache und Kulturüberlieferung. Ein intensiver Austausch zwischen den verschiedenen Teilen Ägyptens bewirkte eine immer stärkere Vereinheitlichung der bis dato gewachsenen geistigen Wertevorstellung und materiellen Kultur. Kultur, d.h. die Gesamtheit der Lebensäußerungen in Sprache, Religion, Wissenschaft und Kunst. Ludwig August von Rochau nannte dies die *»Gleichartigkeit der geistigen Entwicklung«* der Volksindividualität. Nach Rochau vollendet sich die Volksindividualität, also die politische Bedeutung der Nation, in der Gemeinschaft der politischen Geschichte sowie im Vorhandensein eines »zusammenhängenden und möglichst abgerundetem Gebiet, welches gleichartige Interessen hervorruft und das gemeinsame Handeln zu den gemeinsamen Zwecken erleichtert«. Der empfindsame Geist wird diese Überlegungen kritisieren, die da behaupten, daß derartige Ansichten von einem schlechten Geschmack zeugen. Solche Züge sind mir fremd, denn das Bewusstsein für eine Volkszugehörigkeit (Sprache und gemeinschaftliche Abstammung) entwickelt sich nicht aus Boshaftigkeit oder einem übersteigerten Nationalismus, sondern in der natürlichen Überlegung, daß sich eine Gemeinschaft nur stabil und dauerhaft erweist, wenn sie sich einer *»Gleichartigkeit der geistigen Entwicklung«* bewusst ist. Also, wenn wir dieser Ansicht folgen, dann gehen wir davon aus, daß der Mensch ein gesellschaftliches Wesen ist und damit ein natürliches Zugehörigkeitsbedürfnis besitzt. Unzweifelhaft spielt dabei das traditionelle Familienleben eine wichtige Rolle und dieses rundet die Zugehörigkeit der Volksindividualität ab. Es gehört, so scheint die Entwicklung sich zu bestätigen, daß die seit drei Jahrhunderten gebräuchliche Nationalstaatsideologie als Folge der Debatten einer Globalisierung und Staatsprivatisierung (vgl. Gewährleistungsstaat) in Zweifel gezogen wird. Ein Land, das sich massiven Gesellschaftsveränderungen gegenübersieht, muss sich trotz aller ideologischen Kontroversen auf einen Konsens in politischen Fragen der Zuwanderung einigen. Der Weg führt also an der Schaffung eines nationalen Zuwanderungsgesetzes nicht vorbei. Ein allgemeines europäisches Zuwanderungsgesetz ist nicht nur möglich, sondern es ist ebenso notwendig. Notwendig ist es, weil die Völker Europas eine enge, unlösbare Gemeinschaft bilden, deren Glieder gleiches Recht zu beanspruchen haben.

Was ist Deutschland heute?

Für die einen ist er ein Rechtsstaat, für die anderen ein Sozialstaat und für ganz andere ein Bundesstaat mit demokratischen Prinzipien. Wirft man einen Blick in das Grundgesetz, so wird deutlich, daß alle drei Begrifflichkeiten ihre Daseinsberechtigung im demokratischen Prinzip (Art. 79 Abs. 3 GG) vereinen. Im unantastbaren Konstrukt des demokratischen Prinzips finden sie sich in einer verfassungsrechtlichen Ordnung wieder, die durch die Endsilbe »Staat« gekennzeichnet wird. Der Staat, wie wir bereits wissen, ist eine politische Ordnung, die unterschiedlich definiert werden kann. Seit dem 17. Jahrhundert haben sich die europäischen Staaten zu einem Nationalstaat entwickelt und vier Aufgabengebiete herausgebildet, die diesen bis heute kennzeichnen[66]:

1. **Ressourcendimension** in Form eines Gewalt –und Steuermonopol auf zentralstaatlicher Ebene.
2. **Rechtsstaatlichkeitsdimension** das heißt die Durchsetzung des Rechtsstaates durch Ausbildung von Rechtsstaatlichkeit.
3. **Legitimationsdimension** der Herrschaft durch demokratische Entscheidungsprozesse.
4. **Wohlfahrtsdimension** bzw. die Etablierung eines Wohlfahrtstaates.

---

[66] Der Wandel von Staatlichkeit – die ursprüngliche Konzeption, Forschungsprogramm 2007-2010, Staatlichkeit im Wandel, http://www.sfb597.uni-bremen.de/pages/forForprogramm Ursprungskonzeption.php?SPRACHE=de,
vgl auch Prof. Dr. Schuppert, Gunnar, Folke:
Was ist und wie misst man Wandel von Staatlichkeit?, in:
Der Staat: Band 47, Heft 3, September 2008.

Mit Hilfe der Ressourcendimension konnte der Territorialstaat die unterschiedlichen Interessen und privaten Fehden einzelner Akteure beenden. Das Gewaltmonopol sorgte für nur eine legitime Gewalt und sicherte damit den Erhalt des Staatsapparats.
Mit Hilfe des Steuermonopols schaffte sich die zentrale Herrschaftsklasse einen eigenen Staatshaushalt und verpflichtete über Akzise (Verbrauchsteuer und Zoll) de facto alle Einwohner zur Finanzierung des Staatshaushaltes. Die zweite Dimension ist die des Rechts, also die Bindung der Staatsgewalt an Recht und Gesetz in Form eines Rechtsstaates (rule of law). Der Rechtsstaat sichert die Gleichheit aller Akteure vor dem Gesetz und sichert damit dem Menschen im Mindestmaß unveränderliche Rechte (z.B. Menschenrechte).
Die Legitimationsdimension umfasst die dritte Dimension. Seit dem Anfang des zwanzigsten Jahrhunderts bildete sich diese in Form der parlamentarischen Demokratie heraus. Letztlich formuliert die vierte Dimension die Form der Intervention bzw. der Wohlfahrt. Hierbei werden drei Bereiche dem Wohlfahrtsstaat zugemessen. Erstens der »Staat der Daseinsvorsorge«, wie ihn der Staatsrechtler Ernst Forsthoff 1938 definierte. Ferner der Sozialstaat und neuerdings die Bildungspolitik, als tertiärer Bestandteil der vierten Dimension. Bis in die Mitte des 20. Jahrhunderts führte diese Staatsausrichtung zu einer Monopolisierung der Gewalt, der Steuerhebung und der Daseinsvorsorge. Die Formulierung des Staates als zentraler Herrschaftsapparat blieb bis zu Beginn des 21. Jahrhunderts im Denken der Bürger verhaf-

tet. Spätestens seit der Silvesternacht in Köln 2015/16[67] oder dem G20 Gipfel in Hamburg 2017 ist dieser Ansatz ins Wanken geraten und die Überforderung der zuständigen Behörden wird einem allgemeinen »Staatsversagen« zugeordnet.

Aber was heißt Deutsch?

Die abschließende Antwort liegt in der dunklen Nacht der Urzeiten aller Völker. Die Grundlage und das Wesen bildet dabei das kritische Verhältnis zwischen dem Gedankengut einer Gleichartigkeit der geistigen Entwicklung gegenüber eines liberal-demokratischen »bunten und vielfältigen Nationalitätengebildes«. Vereinfacht gesagt: ein Volk ist das, was man aus ihm macht. Es genügt allerdings nicht zu wissen, daß ein Volk ist oder geschaffen wird. Vielmehr besitzen die Völker unterschiedliche Werdegänge (Traditionen und Herkünfte) sowie einen langen

[67] In der Silvesternacht 2015/2016 kam es in Köln im Bereich Haupt bahnhof und Kölner Dom zu zahlreichen sexuellen Übergriffen auf Frauen durch Gruppen junger Männer vornehmlich aus dem nordafrikanischen und arabischen Rau, auch »Nafris« genannt. In vielen Fällen wurden sowohl Sexualdelikte als auch Eigentums- und Körperverletzungsdelikte verübt. Aus weiteren deutschen und europäischen Städten wurden ähnliche Vorfälle berichtet. Die Übergriffe erfuhren große nationale und internationale Beachtung. Der Polizei und der Bundespolizei wurde vorgeworfen, die Lage nicht mehr unter Kontrolle gehabt und zunächst geschönte Berichte herausgeben zu haben. Bemängelt wurde auch die späte und zunächst sehr eingeschränkte Berichterstattung diverser Medien. vgl. Sexuelle Übergriffe in der Silvesternacht 2015/16, www.wikipedia.org, Stand 02.2018.

Weg aus der Geschichte. Gewiss, wir leben in einer Zeit in der die Deutschen zwiespältig in den Tag dahinleben und vor dem Geschrei der Wirtschaft, den Parolen irgendeiner Partei das Gemeinsame nicht mehr achten. Wenn wir aber davon ausgehen, daß ein Bewusstsein sowie das Verständnis über die Herkunft des Wortes »deutsch« notwendig ist, um überhaupt zu begreifen »was deutsch ist« – setzen wir uns zahlreicher liberal-demokratischer Anfeindungen aus. Doch es gibt auch befürwortende Stimmen und gerade sie zielen auf das, was urkundlich belegt ist. Deutsche, das hieß auf althochdeutsch, auf gotisch: »Thiuda« und bezweckte nicht mehr, als sich von den anderen Völkern kulturell und sprachlich abzusetzen. Ausgangspunkt ist der Einzelne, die Familie, der Stand, der anerkannte Verband, zuletzt die Nation[68]. So kommt das Wort: »Thiuda« von »Diota«, das heißt: Volk, zunächst in Beziehung auf die Volkssprache. »Deutsch« bedeutet demnach – gedenk des eigenen Namens – Theotisc, d.h. volksmäßig Sprechenden und kennzeichnete die Zugehörigkeit zur germanisch-fränkischen Sprachgemeinschaft. Der Glaube an überlieferte Werteideen, das Wissen über die gemeinsame Volksgeschichte, Volkssprache und nicht den egoistischen Augenblick zu suchen, das macht »den Deutschen« aus.

[68] Das Volk eines Nationalstaates ist vereint in seiner Abstammung sowie im Besitz einer gemeinsamen Sprache und Kulturüberlieferung.

III. Ungeist der Freiheit

Wer über Freiheit redet, darf über Armut nicht schweigen. Entsprechend spricht der Ungeist der Freiheit: ich bin nicht frei, so lange nicht gesichert ist, daß ich genug zum Leben habe. Existenzängste machen unfrei und wir müssen erkennen, daß nicht nur die Freiheit ungleich verteilt ist, sondern auch der materielle Wohlstand. Daher spreche ich lieber von Ungleichheit, als von Armut. Aber der Begriff »Armut« hat Konjunktur und ist detailliert beschrieben. So befindet sich jeder achte Mensch in Deutschland an der Grenze zur Armut und die untersten 10% der Bevölkerung besitzen einen Anteil am Gesamtvermögen von 1,6%.[69] Entsprechend nüchtern ist auch das Ergebnis des »Global Monitoring Report 2009 der Weltbank« in Brüssel. Die Studie mit dem Untertitel »Ein entwicklungspolitischer Notfall« macht das internationale Ausmaß deutlich. Die Eckdaten des Reports besagen, daß die »Anzahl der Menschen, die in Armut leben müssen, wird in mehr als der Hälfte der Entwicklungsländer und in drei Viertel der Staaten südlich der Sahara steigen«. Auch beim Zugang zum sauberen Wasser, welches eines der Millenniumsentwicklungsziele (MDG) darstellt, ist die Weltgemeinschaft am »zweitweitesten« und bei der Bekämpfung des Hungers »am

[69] Ruf, Werner: Armut, Reichtum, Krieg – Europa in der globalisierten Welt., URL: http://www.werner-ruf.net/pdf/Armut-Reichtum-Krieg_Aug-08.pdf, S. 4 (Stand 15.03.2010).

weitesten« entfernt. Unmissverständlich bekundete der UNO-Generalsekretär Ban Ki Moon mit der Zusage von umgerechnet rund 16 Milliarden US-Dollar, zur Umsetzung der im Jahre 2000 von der UNO beschlossenen Millenniumsentwicklungsziele (MDG), den Willen, auch weiterhin für die Umsetzung der Millenniumsziele einzustehen. In Hinblick auf die tatsächlichen Umstände und durch das deutliche Ergebnis des »Global Monitoring Report 2009« könnten wir uns der überwiegenden Meinung der Nichtregierungsorganisationen (NRO) anschließen und das Ergebnis als »unzureichend« bemängeln. Nach Berichten der Welthungerhilfe sind in Asien 642 Millionen Menschen, in Afrika 265 Millionen und in den Industrienationen insgesamt 15 Millionen vom Hunger betroffen bzw. unzureichend ernährt. Entsprechendes Ergebnis beruht auf der Entwicklung des Welthungerindex (WHI). Die unzureichende Bearbeitung der globalen Armutsbekämpfung wird ihre Gründe haben. Ebenso sind die Ursachen von Armut und Bedürftigkeit sehr vielfältig. Vielfältig sind auch die Ursachen der Ungleichheit. Pierre-Joseph Proudhon bezeichnete das Eigentum als Diebstahl und Max Horkheimer formulierte, daß Reichtum unterlassene Hilfeleistung sei.[70] Der Soziologe Jean Ziegler benennt die kapitalistische Wirtschaftsordnung als den deutlichsten Ausdruck der Ungleichheit, die er als »kannibalisch« brandmarkt.[71] Ziegler beruft sich u.a. auf die Weltentwicklungsindikatoren der Weltbank von 2013 und betont,

---

[70] Ziegler, Jean: Ändere die Welt!.Warum wir die kannibalische Weltordnung stürzen müssen, C.Bertelsmann, 6.Auflage 2015, München, S. 45.

[71] Ebenda, S.49.

daß 16 Prozent der Weltbevölkerung über 83 Prozent der Vermögenswerte auf dem Planeten Erde verfügen. Bereits Jean-Jacques Rousseau schrieb 1754 in seinem »Diskurs über den Ursprung und die Grundlagen der Ungleichheit zwischen Menschen«, daß es zwei Arten von Ungleichheit zu unterscheiden gäbe: »die eine, die ich natürlich oder physisch nenne, weil sie durch die Natur begründet wird, und die im Unterschied der Lebensalter, der Gesundheit, der Kräfte des Körpers und der Eigenschaften des Geistes oder Seele besteht; und die andere, die man moralische oder politische Ungleichheit nennen kann, weil sie von einer Art Konvention abhängt und durch die Zustimmung der Menschen begründet oder zumindest autorisiert wird«.[72] Weiterführend: »Man kann nicht fragen, welches die Quelle der natürlichen Ungleichheit ist, weil die Antwort sich in der einfachen Definition des Wortes ausgesprochen fände. Noch weniger kann man danach suchen, ob es nicht eine essenzielle Verbindung zwischen den beiden Ungleichheiten gäbe; denn das hieße mit anderen Worten, zu fragen, ob jene, die befehlen, notwendigerweise mehr wert sind als jene, die gehorchen, und ob die Kraft des Körpers und des Geistes, die Weisheit oder die Tugend sich immer in selben Individuen im entsprechenden Verhältnis zur Macht oder zum Reichtum befinden: Eine Frage, die vielleicht dazu gut ist, unter Sklaven erörtert zu werden, wenn ihnen ihre Herren zuhören, die sich aber nicht für vernünftige und freie Menschen schickt, welche die Wahrheit suchen.«[73]

[72] Ebenda, S.44.
[73] Ebenda, S. 44.

Angesichts der weltweiten Entwicklung im 21. Jahrhundert ist es notwendig geworden, über die Quelle der Ungleichheit(en) zu sprechen. Ebenso müssen wir über die Begriffsdefinitionen von Armut reden, um überhaupt das zu besprechende Dilemma zu verstehen. Abschließend werde ich Krieg als eine Ursache von Armut (Kriegsfolge) benennen und einen Zusammenhang von Krieg und Armut aufzeigen. Unzweifelhaft spielt die Einführung des Privateigentums bei der Bewältigung dieser Frage eine Rolle, denn »zwischen dem Recht des Stärkeren und dem Recht des ersten Besitznehmers erhob und sich ein fortwährender Konflikt, der nur mit Kämpfen und Mord und Totschlag endete.«[74]

6. Bürokratisiertes Armutsverständnis

Es gibt zahlreiche Definitionsmöglichkeiten von Armut, so daß man meinen könnte, dass Armut ein abstrakter Begriff sei. Armut wird dadurch allerdings nicht weniger bedrohlich für den betroffenen Menschen, wohl aber für den perspektivischen Beobachter. Entsprechend lässt sich Armut aus einer subjektiven (subjektives Armutskonzept) und einer objektiven (objektives Armutskonzept) Sicht begreifen. Generell gibt es keine einheitliche Armutsdefinition, die als allgemeingültig angesehen werden kann. Aber bei dessen Konkretisierung können wir uns über das Verständnis annähern. Hierbei lassen sich zwei Dimensionen unterscheiden, um sich der Definition von Armut über das Verständnis zu nä-

[74] Ebenda, S.45.

hern. Erstens sei der »Eindimensionale Ansatz« genannt, der Armut auf eine Dimension reduziert, z.B. Mangel an genügend Einkommen für Güter, die zur Sicherung der (physischen) Existenz notwendig sind. Zweitens sei der »Multidimensionale Ansatz« genannt, der Armut in einer ganzheitlichen Betrachtung als multidimensionales Phänomen versteht und Armut in all ihren Facetten sowohl in physiologischen als auch in soziokulturellen Kategorien erfasst.[75]

Eine weitere Möglichkeit sich der Armut zu nähern, besteht in der Fokussierung auf die Ursachen von Armut. Im Mittelpunkt stehen dabei die zwei Ansätze: soziologischer Ansatz und physiologischer Ansatz. Konkret analysieren die Ansätze die soziostrukturellen Ursachen von Armut, wie z.B. Ungleichheiten (inequities) und systemimmanenter Benachteiligungen oder den Mangel an Einkommen, Nahrung, Kleidung, Obdach. Alternative Ansätze zur Bedeutung von Armut finden sich auch in den Kategorien der absoluten, relativen, materiellen (quantitativen), immateriellen (qualitativen), permanenten und temporären Armut.[76] Der Ansatz der absoluten Armut stellt die physische Existenz (Existenzminimum) des Menschen in den Mittelpunkt der Betrachtung. Wer unter diesem Existenzminimum liegt, gilt als absolut arm[77]. Im Ansatz der relativen Armut werden die Lebens-

---

[75] BMZ: Work in Progress Armut verstehen und Armut messen, de-armut-verstehen-armut-messen-2004.pdf, S. 9. (Stand 15.03.2010).

[76] Ebenda, S. 2

[77] Für die Weltbank gelten alle Menschen arm, die über weniger als 1 US-Dollar pro Tag (lokaler Kaufkraftparität) zur Deckung ihrer täglichen Bedürfnisse verfügen. Armut ist nach dieser Definition auf die Einkommensdimension reduziert.

standards der unterschiedlichen Bevölkerungsgruppen einer Gesellschaft/Staates in Relation zueinander gesetzt. Durch diesen Vergleich lassen sich soziale Ungleichheiten (Disparitäten) in einer Gesellschaft/Staates aufzeigen. So gilt in den meisten Ländern als arm, wer über weniger als 50% des durchschnittlichen pro Kopfeinkommens verfügt. In Hinblick auf die Ansätze der materiellen und immateriellen Armut lassen sich die unzureichende Verfügbarkeit von Gütern, die für die Sicherung der physischen Existenz notwendig sind, sowie den umfassenden Bereich der sozialen, politischen, ethnischen, kulturellen und religiösen Aspekten nennen. Beispielhaft ist im Bereich der immateriellen Armut z.B. das Menschenrecht oder die Bildung eine Voraussetzung für ein menschenwürdiges Leben. Unter dem permanenten Ansatz verstehen wir den Umstand, wenn das Einkommen nicht dauerhaft für die Sicherung des Existenzminimums ausreicht. Temporärer Ansatz betrachtet den Aspekt der individuellen Risikosituation mit temporärem Charakter, welcher zur Armut führen kann (z.B. nicht chronische Krankheiten). Primäre, sekundäre und tertiäre Armut sind Ansätze, die den Anspruch erheben, ein umfassendes Konzept der Armut zu beschreiben. Dabei bedeutet die primäre Armut, daß die verfügbaren Ressourcen eines Menschen nicht ausreichen, um das Existenzminimum zu sichern. Sekundäre Armut ist ein »subjektiv sozialpsychologisches Phänomen« und wird auch als »Bewussteinsarmut« beschrieben. Es umfasst sowohl eine subjektiv empfundene relative Armut als auch den empfundenen Mangel an höher bewerteten Gütern. Dagegen beinhaltet die tertiäre Armut eine Vielfalt individualspezifischer Mangelsituationen und individueller Lebensnotstände und beschreibt eine relative Armutsbestimmung.[78] Die hier beschriebenen alternativen Ansätze zeigen deutlich Konturen der Überschneidung, denn sie folgen den ähnlichen Grundverständnissen der bereits beschriebenen Ansätze. Zur Genüge haben wir uns nun mit den unterschiedlichsten Ansätzen und Dimensionen von Armut beschäftigt und betrachten nun die Messbarkeit von Armut: Auch hier gibt es wiederum zwei Möglichkeiten. Auf der einen Seite unterscheiden wir den Ressourcenansatz, bei dem sich Einkommen und Vermögen als mess- und vergleichbare Indikatoren definieren lassen. Hierbei steht u. a. der Aspekt der physischen Existenzsicherung im Vordergrund. Auf der anderen Seite grenzt sich der Lebenslagenansatz vom Ressourcenansatz ab und erfasst dabei z.B. die Dimensionen wie Bildungschancen, Selbstbestimmung, gesellschaftliche Teilhabe an Entscheidungen. In Hinblick auf die verwendeten objektiven, quantitativen Indikatoren möchte ich u. a. den Human Development Index (HDI) oder den Human Poverty Index for developing countries (HPI-1) nennen.

Wie wir sehen, ist Armut ein komplexes Phänomen mit vielen Ansätzen, Berechnungsmöglichkeiten und Dimensionen. Vielleicht hilft uns ein anderes Verständnis von Armut mehr, welches der Komplexität von Armut und der Realität der betroffenen Gesellschaftsschichten in den westlichen Industrieländern entgegenkommt: »[…] der den Mangel an Humankapital (Bildung, Gesundheit), an politischen Rechten (Partizipations-

[78] BMZ: Work in Progress Armut verstehen und Armut messen, de-armut-verstehen-armut-messen-2004.pdf, S. 9-11, Stand 15.03.2010.

möglichkeiten, Bürgerrechte, Transparenz von Verwaltung und Justiz etc.) sowie an Möglichkeiten des Risikomanagements (soziale Sicherung) einbezieht [...]«[79].
Worüber reden wir hier aber eigentlich? Humankapital, politische Rechte, Risikomanagement ... sind akademische Begrifflichkeiten einer Wohlstandsklientel, die nicht selbst von »Armut« betroffen ist. Dieser Vorwurf ist hart; aber er entspricht der Realität. Für diese Klientel ist es leicht, mit Definition und Begrifflichkeiten zu jonglieren, um die Realität zu verschleiern. Sie können in ihren wohltemperierten Großraumbüros, Versammlungszimmern und Sozialräumen unbesorgt über das Recht auf Nahrung, über die Preise der Trinkwasserversorgung, den Getreidepreisen und Lastwagen mit Hilfslieferungen sprechen. Diese Klientel ist weltweit selbst nicht betroffen; denn die Slums mit ihren Wellblechdächern und Brettern sind außerhalb ihrer geschützten Sozialräume. Es sind die Illusionen der Schlipsträger des 60. Stockwerks von Banken und Unternehmen, die glauben wollen, daß ihre Entscheidungen zum Wohle der Menschheit gereichen. Aber wir brauchen uns nicht in Afrika oder Indien zu bewegen. Verdeckte Arbeitslosigkeit, Mindestlohn/Leiharbeit, Privatinsolvenzen, Verschuldung der Kommunen, verfallene und heruntergekommene Wohnquartiere, Obdachlosigkeit, Verstädterung und Gettoisierung, Korruption, Krieg (vgl. Ukraine 2018)

---

[79] Loewe, Markus: Die Millennium Development Goals: Hintergrund, Bedeutung und Bewertung aus Sicht der deutschen Entwicklungszusammenarbeit, URL: http://www.die-gdi.de/CMS-Homepage/openwebcms3.nsf/%28ynDK_contentByKey%29/ADMR-7BSBSW/$FILE/12-2005.pdf, S.13, Stand 15.03.2010.

und Gewalt sind gelebter Alltag in Europa. Sie finden sich in keinem nationalen Armutsbericht oder internationalen Resolutionsentwurf zur Bekämpfung von Armut. Europa ist kein »failed state« - nicht davon sprechen.

7. Politischer Realismus und Krieg

Krieg als Ausdruck zur gewaltsamen Austragung von Streitigkeiten zwischen zwei Staaten unterliegt einem ähnlichen Begriffsdilemma wie jener der Armut. So findet sich in der Völkerrechtslehre keine allgemeingültige Definition von Krieg. Anstelle des juristisch schwer fassbaren Kriegsbegriffs wird in den internationalen Abkommen wie auch in der Völkerrechtslehre der Ausdruck »bewaffneter internationaler Konflikt« verwendet. Es soll hier nicht meine Aufgabe, sein eine Typologie oder Kriegsdefinition herauszuarbeiten. Allerdings betone ich das vorherrschende Problem und möchte darauf hinweisen, daß ich unter dem Begriff des Krieges den Zustand einer dauerhaften, organisierten, kollektiven Gewaltanwendung verstehe – wobei mindestens eine der Kriegsparteien ein staatlicher Akteur sein muss. Insbesondere bei dieser Definition wird deutlich, daß die gegenwärtigen und zukünftigen Kriege nicht mehr ausschließlich von staatlichen Akteuren beeinflusst werden. Der moderne Krieg im 21. Jahrhundert unterscheidet auch nicht mehr zwischen Kombattanten und Nichtkombattanten. Er entgrenzt sich zunehmend. Das Genfer Recht unterscheidet in diesen Fällen zwischen legalen (privilegierten) oder illegalen (nicht privilegierten) Kombattanten. Aber »wo keine Staatsmacht vorhanden ist«, so Herfried Münkler »[...] bestimmen diejenigen über Krieg und Frieden, die die grösste Gewaltbereitschaft haben. Sie halten das Gesetz des Handelns in ihren Händen und zwingen den anderen ihren Willen auf. Das ist ein weiterer Grund für die lange Dauer innergesellschaftlicher Kriege. Wenn auch nur kleine Gruppen mit den Verhältnissen unzufrieden sind, die sich als Friedenszustand abzeichnen, ist es für sie ein Leichtes, den Krieg wiederaufleben zu lassen.«[80] Hierbei spielt oft eine Methode des dreißigjährigen Krieges eine wichtige Rolle: der Krieg ernährt sich selbst. Kriegsarmut als Folge von Plünderungen und Verwüstungen dienen als Antriebsmotor für weitere Kämpfe.

Das Bischöfliche Hilfswerk Misereor e.V. schildert z.B. die Folgen des Krieges und der Gewalt für das Leben der Menschen und der Gesellschaft - nicht nur für die Opfer, sondern auch für die Täter. Die Folgen von Krieg und Gewalt sind verschiedenartig und betreffen nicht nur die Infrastruktur (Wasser-; Stromversorgung, Schulen, Krankenhäuser usw.), sondern auch das Staatswesen (z.B. Schutz vor Übergriffen und Rechtssicherheit sind nicht gewährleistet) oder die individuelle Ebene des gesellschaftlichen Zusammenlebens (zerstörte Beziehungen und Werte, Menschenrechtsverletzungen und Folter usw.). [81] Insbesondere

---

[80] Imbusch, Peter; Zoll, Ralf (Hrsg.): Friedens- und Konfliktforschung. Eine Einführung, 4. überarbeitete Auflage, VS-Verlag für Sozialwissenschaften, April 2006, S. 112.

[81] Bischöfliche Hilfswerk Misereor e. V.: Folgen von Krieg und Ge walt, URL: http://www.misereor.de/themen/frieden/folgen-von-krieg-und-gewalt.html, Stand 18.03.2010.

Kriegszustände, die oft generationenübergreifend sind wie z.B. der fast 14 jährige Bürgerkrieg in Liberia (Monrovia), fördern die Spirale des Krieges und der Gewalt. Hierbei besteht die Gefahr, daß sich ein selbsttätiger Kreislauf von Krieg und Armut bildet. Die unterschiedlichen Facetten der dadurch entstandenen Armut ernähren den Krieg. Es gibt dazu unzählige Beispiele, wie Somalia, Liberia, Syrien und Nordkorea.

Ein derartig entfesselter »Circle of war and poverty« – so möchte ich die Beziehung von Krieg und Armut bezeichnen – bringt immer neue Elemente von Armut hervor, die sich durchaus zu einem chronischen Zustand entwickeln können. Dominic Johnson bezeichnet in ihrem Artikel vom 19.06.2009 diesen Zusammenhang als einen »Teufelskreislauf«[82]. Ich widerspreche Herfried Münkler, der die These vertritt, daß chronische Armut »kein Kriegsauslöser [...]« ist, »[...] sondern eher die Gier, die sich aus der Aussicht auf potenziellen Reichtum ergibt«.

Zweifellos ist Gier ein Kriterium für Bereicherung und Krieg. Allerdings stehen dahinter Macht- und Verteilungsinteressen wirtschaftspolitischer Akteure. Beispielhaft ist der Krieg in Afghanistan 2001, dem Irak 2003, Syrien 2009 oder Libyen 2011. Derartige Beispiele veranschaulichen, daß die durch den Krieg geschaffene Armut die grösste Gefahr mit sich bringt; denn sie generieren einen Teufelskreis aus bewaffneten Konflikten in den nunmehr destabilisierten Ländern. Insbesondere der »bewaffnete internationale Konflikt« in Afghanistan verdeutlicht, daß die de-

[82] Johnson, Dominic: Krieg und Armut, ein Teufelskreis, 19.06.2009, URL: http://www.taz.de/1/politik/afrika/artikel/1/krieg-und-armut-ein-teufelskreis/, Stand 18.03.2010.

mokratisch legitimierten Kriege dafür sorgen, daß die Folgen von Armut zu erneuten Konflikten beitragen.

Die Oxfam-Studie »The Cost of war. Afghan Experiences of Conflict, 1978 – 2009«[83] ist in der Lage, uns hierfür ein empirisches Ergebnis zu liefern. Entsprechend düster ist das Resultat, denn 70% der Befragten nannten Armut und Arbeitslosigkeit als Hauptursache für den andauernden bewaffneten Konflikt in ihrem Land. Die Studie im Wortlaut: »Seven in ten (70%) individuals saw unemployment and poverty as a major cause of the conflict, while almost half (48%) pointed to the corruption and ineffectiveness of the Afghan government. Other factors that individuals identified as major drivers of the conflict were: the Taliban (36%); interference by other countries (25%); Al Qaeda (18%); the presence of international forces (18%); lack of support from the international community (17%); warlords (15%); and criminal groups (14%).

Die Studie hält fest, daß Armut durchaus eine Kriegsursache darstellt. Andreas Zumach verweist in diesen Zusammenhang auf die im Jahr 2003 veröffentlichte Studie »Breaking the conflict trap – civil wars and development policy« der Weltbank, wonach 161 Länder und 78 Bürgerkriege untersucht wurden. Nach dieser Studie »[...] lässt ein Einbruch des Wirtschaftswachstums eines Landes um fünf Prozent die Wahrscheinlichkeit eines bewaffneten Konflikts um 50 Prozent steigen. Verdoppelt sich hingegen

[83] Oxfam International: The Cost of war. Afghan Experiences of Con flict, 1978-2009, http://www.oxfam.org/sites/www.oxfam.org/files/afghanistan-the-cost-of-war.pdf , Stand 18.03.2010.

das Bruttosozialprodukt von 250 auf 500 US-Dollar pro Einwohner, halbiert sich die Wahrscheinlichkeit, daß es in den nächsten fünf Jahren zum Bürgerkrieg kommt. [...]«[84]

Dies zeigt: Armut ist mehr als ein Symptom des Krieges. Habgier und die Aussicht auf potenziellen Reichtum als entscheidende Kriegsursachen verantwortlich zu machen, sind nicht ausreichend. Entscheidend ist: Sicherheitsstrategen haben ihre Mitverantwortung »[...] für den wirtschaftlichen, sozialen, politischen und ökologischen Niedergang einzugestehen, der Staaten erst scheitern lässt, interne und regionale Konflikte auslöst und die Herausbildung von international agierenden Verbrechern oder Terroristen begünstigt. [...] Diese Sicht auf Gewalt und die Notwendigkeit des Schutzes von Menschen reagiert auf Symptome, betrachtet aber nicht die Ursachen und Dynamiken von Konflikten.«[85] Mit Unbehagen müssen wir zur Kenntnis nehmen, daß die Sicherheitsstrategen der Vereinigten Staaten von Amerika folgende 5 Faktoren der amerikanischen Hegemonie, in Hinblick auf die Ausweitung des US-Einflusses im zentralasiatischen Raum,

---

[84] Zumach, Andreas: Armut schafft Kriege – nicht immer, aber fast überall. Zum Zusammenhang von Mangel und (bewaffneten) Kon flikten, in: Österreichisches Studienzentrum für Frieden und Konf fliktforschung (Hrsg.): Globale Armutsbekämpfung – ein Trojani sches Pferd?. Auswege aus der Armutsspirale oder westliche Kriegs strategien?, Band 56, 2. Auflage, LIT Verlag GmbH&Co.KG Wien 2009, S 64.

[85] Robinson, Clive: Wessen Sicherheit? Zusammenführung und Eigen ständigkeit der Sicherheits- und der Entwicklungspolitik der Europäischen Union, Brüssel, Juni 2005, http://www.eed.de/fix/files/doc/EED_Wessen_Sicherheit_05 _deu.pdf, S. 14, Stand 18.03.2010.

definiert haben: [86] Erstens stützt sich diese auf einer Zerschlagung des radikalislamischen Terrorismus, der als Bedrohung der nationalen und internationalen Ordnung wahrgenommen wird. Zweitens besteht ein Interesse aller Akteure darin, daß die ursprünglich kurzfristig avisierte amerikanische Militärpräsenz mittel- bis langfristig fortbesteht. Drittens versprechen sich die Regierungen der betroffenen Regionen von den Vereinigten Staaten, im Kampf gegen den Terrorismus, eine entgegengebrachte Unterstützung bei der Stützung ihrer eigenen autokratischen Regime. Viertens wirken die Vereinigten Staaten von Amerika als Regulator eines (relativ stabilen) Gleichgewichts. Letztlich sorgen sie für eine Zurückdrängung des in der Region partiell als Bedrohung angesehenen russischen Einflusses.

Im Grund lässt sich konstatieren, daß nicht allein das Wirtschaftswachstum das Konfliktrisiko reduziert. Vielmehr wird durch die bereitwillige Aufrechterhaltung von Kriegszuständen, um eine mittel- bis langfristige Militärpräsenz zu legitimieren, das Konfliktrisiko aufrechterhalten. Die Wahrheit sucht man in den Tatsachen. Folgende Zeilen sind der Beleg für die Leiden des libyschen Volkes[87] in den letzten sechs Jahren: »[...] Diese

[86] Mauer, Victor: Die geostrategischen Konsequenzen nach dem 11. September 2001, in: Aus Politik und Zeitgeschichte, (B 3-4/2004), http://www1.bpb.de/publikationen/PMWHMY,1,0,Die_geostrategischen_Konsequenzen_nach_dem_11_September_2001.cvb69html#art1, Stand 18.03.2010.

[87] Ausgangspunkt des failed state Libyens bildete der Internationale Militäreinsatz im Jahre 2011 unter der Führung Frankreichs.

Verbrechen wurden im Namen einer humanitären Intervention begangen. Es hieß, Zivilisten sollten geschützt, Demokratie und Wohlstand eingeführt werden. Die NATO-Staaten griffen Libyen mit allen ihnen zur Verfügung stehenden Waffen und mit Hilfe einiger arabischer Staaten und einzelner Libyer an. Die Rechtfertigung dafür war genauso falsch wie diejenige für die Invasion im Irak 2003, denn in Wirklichkeit handelte es sich um die systematische Zerstörung eines souveränen Staates und einer friedlichen Nation. [...]
Zusammenfassend ist zu sagen, daß wir unseren Brüdern in Katar und den Vereinigten Emiraten, im Sudan, in Tunesien, der Arabischen Liga, den Nato-Ländern, in der Europäischen Union und allen Personen unseren Dank dafür aussprechen, daß sie mitgeholfen haben, Libyen in einen *failed state* zu verwandeln. Nach der Freilassung der islamistischen, politischen und anderen Gefangenen wurde Libyen zur Heimat des größten Privatgefängnisses unter der Leitung von Milizen und Familien. Von einem Staat, der Investoren aus der ganzen Welt anzog, wurde Libyen zu einem Land, das Migranten exportiert, einschließlich seiner eigenen Bürger. 55 Prozent der Bevölkerung haben das Land verlassen und wurden auf der ganzen Welt zu Flüchtlingen. Ein Staat, in dem weltweit besten Rechts- und Verfassungsexperten tätig waren, um eine neue und moderne Verfassung zu erarbeiten, ist zu einem Land geworden, das von 1.500 Milizen regiert wird. Und schließlich, ein Staat, in dem Diebstahl etwas Merkwürdiges und Unübliches war, wurde zu einem Land, in dem es normal ist, jeden Morgen verstümmelte menschliche Körper und verweste Leichname auf den Straßen und Wegen

abzuladen.«[88] Zweifellos müssen wir daher erkennen, daß der außenpolitische Kurswechsel der Russischen Föderation als Reaktion auf den wachsenden Einfluss der EU und der Nato, auf die Ostgrenzen der Russischen Föderation sowie deren Engagement in Libyen und Syrien, zu betrachten ist. Dieser wachsende Einfluss wurde von russischer Seite als Bedrohung angesehen und durch die bereitwillige Destabilisierung der ukrainischen Innenpolitik, durch das »Weimarer Dreieck«, bestärkt. Die damit verbundene Zurückdrängung des russischen Einflusses auf die Ukraine führte zum Ausbruch des Krieges in der Ukraine und deren territorialen Zerfall mit allen sozialen, ökonomischen und sicherheitspolitischen Konsequenzen.

Die fortdauernden Grenzstreitigkeiten mit Lettland sowie die prowestlichen Unterstützungen der separatistischen Bewegungen in Transnistrien und Georgien, als auch der Streit zwischen Russland und der Ukraine über die Strasse von Kertsch; trugen ebenso dazu bei, daß die russische Führung dem befürchteten Zangengriff auf das Staatsgebiet der Russischen Föderation entgegentrat. Russland trat damit in eine neue außenpolitische Phase ein, das auf bemerkenswerter Weise die Europäische Union zum Handeln aufforderte. Mit der Unterzeichnung der Minsker Vereinbarung vom 11-02-2015 bekannten sich die Staatsregierungs- und Regierungschefs der EU sowie Russlands zur Umsetzung eines

[88] Denkschrift zu Libyen: Lügen über den Staat, seine Führung und die Armee, von Dr. Saif al-Islam Gaddafi, vgl. https://libyaagainstsuperpowermedia.org/2017/10/23/exclusive-memorandum-on-liby-fabrications-against-the-state-leadership-and-army-by-dr-saif-als-islam-gaddafi/, Stand 11/2017.

tiefgreifenden und umfassenden Freihandelsabkommens: die Vision eines gemeinsamen Wirtschaftraums vom Atlantik bis zum Pazifik. Letztlich wird durch die Einhaltung und Umsetzung dieses Vertrages Russland bzw. die Eurasische Wirtschaftsgemeinschaft über Nacht zu einem assoziierten Handelsraum des Transatlantischen Freihandelsabkommens (TTIP) transformieren. Die russische Onlinezeitung vz.ru kommentierte im Hinblick auf die Pläne für die Transatlantische Handels- und Investitionspartnerschaft (TTIP): »Die Gründung eines neuen national übergreifenden Wirtschaftsriesen, der die Hälfte des weltweiten Bruttoinlandsproduktes ausmachen soll, wäre ein grundsätzlich wichtiger Schritt auf dem Weg der Globalisierung. Das wird nicht bloß eine ´Handels- und Wirtschafts-Nato´sein. Es wird ein gemeinsamer Markt der westlichen Länder entstehen – und die Spielregeln auf diesem Markt werden Handel und Wirtschaft weltweit maßgeblich beeinflussen.« Politik beinhaltet ein Wechselspiel der Kräfte. Entsprechend analysierte der Historiker Juri Felschtinski: »Die Minsker Verträge sind für Putin eine militärische Lust zur Umgruppierung der Streitkräfte und zum Überdenken der Situation. Sie sind so zusammengestellt, daß Russland zu nichts verpflichtet wird. Sämtliche Verpflichtungen übernehmen die »Separatisten« oder Kiew, und sogar Europa – aber nicht Russland. Die Interpretation der Verträge ist beliebig – von jeder der beteiligten Seiten. Es ist absolut unmöglich herauszubekommen, wer gegen was verstoßen hat, die »Separatisten« tragen keine Verantwortung, vor niemanden«[89].

[89] FSB-Junta.Szenarien des Moskauer Politbüros für die Ukraine, nv.ua, 8. Juni 2015.

Politischer Realismus

Der politische Realismus bildet eine Teildisziplin (Denkschule) der Internationalen Beziehungen (IB) und setzt sich mit dem Charakter und der Verteilung der Macht innerhalb internationaler Systeme auseinander. Die wichtigsten Vertreter sind hierbei Henry Kissinger, Hans J. Morgenthau (Klassischer Realismus) und Kenneth Waltz (Neorealismus). Der politische Realismus beruht auf dem Prinzip der Macht und des Gleichgewichts der Mächte. Er beruht auf dem System eines Machtstrebens von Kollektiven (Staaten)[90]. Nach Hans J. Morgenthau (siehe auch seine sechs Prinzipien des klassischen Realismus in der zweiten Auflage des Werks »Politics among Nations«) ist Außenpolitik der Versuch Macht zu erhalten, zu vermehren oder zu demonstrieren. Diesem Gedanken folgt auch Max Webers Machtdefinition: »Macht bedeutet jede Chance, innerhalb einer sozialen Beziehung den eigenen Willen auch gegen Widerstand durchzusetzen, gleichviel worauf diese Chance beruht«[91]. Im Sinne einer derart geführten Außenpolitik hieße dies: einen Akteur zu bewegen, sich seinem Willen zu unterwerfen. Dies kann z.B. in Form einer »strategy of deterrence«, also einer Politik der (Atomaren-) Abschreckung geschehen. Die US-Doctrine for Joint Nuclear Operations[92]

---

[90] Filzmaier, Peter et al.: Internationale Politik, Verlag Utb, Wuv Uni versitätsverlag 2006, S. 73.

[91] Weber Max: Wirtschaft und Gesellschaft. Grundriß der verstehenden Soziologie, 1. Halbband, Tübingen 1956/1980, S. 28.

[92] This publication provides guidelines for the joint employment of forces in nuclear operations. It provides guidance for the employ

beschreibt deterrence wie folgt: »Strategic deterrence is defined as the prevention of adversary aggression or coercion that threatens vital interests of the United States and/or our national survival. Strategic deterrence convinces adversaries not to take grievous courses of action by means of decisive influence over their decision making. […] The focus of US deterrence efforts is therefore to influence potential adversaries to withhold actions intended to harm US' national interests. […]"
Diese stünde im Gegensatz zur »strategy of compellance« im Sinne von Peter Hayes[93]; in der der Akteur durch eine bestimmte Aktion (Drohung) die Handlungsweise seines Gegners zu bestimmen versucht, die dieser ansonsten nicht durchführen würde. Auf einer Videokonferenz des »Watson Institute for International Studies", mit Peter Hayes zum Thema »North Korea: The Stalker State", formuliert dies Hayes so: »North Korea is using its nuclear weapons to stalk the United States; they´re looking for a partnership". Ebenso stellt Hayes fest, daß »North Korea is using nuclear weapons as a tool in a strategy of compellance. Instead of deterrence, in which a country uses a threat to stop its adversary from doing something that the adversary otherwise would have done, compellance is a strategy in which a country uses a threat

ment of US nuclear forces; command and control relationships; and weapons effect considerations. Vgl. Joint Publication 3-12: Doctrine for Joint Nuclear Operations, Final Coordination (2), 15.03.2005, Seite viii.

[93] Peter Hayes is Professor of International Relations, Royal Melbourne Institute of Technology and Director, Nautilus Institute in San Fran cisco and of Nautilus@RMIT at RMIT´s Research and Innovation Section.

to make its adversary do something that it was otherwise not going to do"[94]. Hans J. Morgenthau unterscheidet allerdings drei Arten der Außenpolitik und Konfliktgestaltung: das Streben nach dem Erhalt, dem Erwerb und Demonstrieren von Macht gegen andere Staaten. So lassen sich die Grundsätze der realistischen Schule wie folgt zusammenfassen[95]:

- Politik und Gesellschaft sind von objektiven Gesetzen beherrscht, deren Ursprung in der menschlichen Natur liegt. Das Streben nach Macht ist die menschliche Haupteigenschaft, Menschen versuchen, über die Ausweitung ihrer Macht an Sicherheit zu gewinnen, um ihre Ängste zu überwinden, die Menschheit muss zivilisiert werden.

- Das natürliche Staatsinteresse besteht im Streben nach Macht, unabhängig von sittlichen Zielen. Vernunft dient dazu, den Machtraum zu erweitern. Internationaler Einfluss beruht auf Macht im Sinne einer aktuellen oder potentiellen Möglichkeit, Interessen militärisch oder wirtschaftlich durchzusetzen.

- Allgemein sittliche Grundsätze können auf staatliches Handeln nicht angewandt werden. Ein Staat soll strategisch zweckrational (klug abwägend) handeln.

---

[94] Hayes, Peter: North Korea: The Stalker State. http://www.watsoninstitute.org/events_detail.ctm?id=797, 11.05.2009.

[95] Morgenthau, Hans J.: Macht und Frieden. Grundlegung einer Theorie der internationalen Politik, Gütersloh 1963.

- Politik unterliegt, ähnlich der Ökonomie, Eigengesetzlichkeiten.
- Das sittliche Streben einer Nation kann, z.B. aufgrund divergierender kultureller Traditionen, nie das sittliche Gesetz der Welt werden.

Obwohl sich die amerikanische Außenpolitik in sehr unterschiedlicher Weise interpretieren ließe, bildet der politische Realismus das vorherrschende Modell der Außenpolitik der Vereinigten Staaten von Amerika (USA). Daher würde ich sagen, dass die Vereinigten Staaten von Amerika das sittliche Streben von Nationen sehr wohl beeinflusst und damit die »Grundsätze der realistischen Schule« flexibel umsetzt. Der Export liberaler Ideen wird nach wie vor aus den Vereinigten Staaten betrieben und die westliche Wertegemeinschaft, d.h. demokratischen Staaten, setzten diese in ihren nationalen Gesetzen um. Selbstverständlich bildet auch der Erwerb, der Erhalt sowie die Vermehrung und Demonstration von Macht zentrale Elemente der amerikanischen Außenpolitik. Das Auftreten der Bush-Administration[96] während der »Operation Iraqi Freedom« im Jahr 2003 war dafür sinnbildlich. Nicht weniger wird dies auch im Fall des 45. Präsidenten der Vereinigten Staaten und ehemaligen Unternehmer Donald John Trump sein. Überraschend gewann der Milliardär die US-Präsidentschaftswahl 2016. Mit seiner aggressiven Handelspolitik

[96] The term »Bush administration« is most commonly associated with one of two Presidents of the United States with the name Bush: George W. Bush administration, the Executive Branch under the 43rd President of the United States, 2001–2009.

gegenüber China und seinen europäischen Partnern spaziert auch dieser US-Präsident auf dem Weg der realistischen Schule. Wohin dieser Weg, führt bleibt ungewiss. In Hinblick auf die expansive Tätigkeit chinesischer Außenpolitik und die Verfassungsänderung[97] durch den chinesischen Präsidenten Xi Jinping 2018, müssen wir davon ausgehen, dass die natürlichen Staatsinteressen beider Staaten miteinander kollidieren werden.

---

[97] »Bisher sah die Verfassung vor, dass die Amtszeit des Präsidenten und seines Stellvertreters auf zwei Perioden von jeweils fünf Jahren beschränkt ist. Dieser Passus entfällt nun, und das ebnet Xi Jinping damit den Weg, über 2023 hinaus an der Spitze von Partei und Staat zu bleiben.«, vgl. Matthias Müller, Chinas Verfassung erlaubt den ewigen Xi Jinping, Neue Züricher Zeitung, 11.03.2018.

8. Sonderfall Nordkorea

Nachhaltiger Konfliktgegenstand zwischen der Demokratischen Volksrepublik Korea (DVRK) und dem UN-Sicherheitsrat ist der Raketentest[98] einer Interkontinentalrakete vom TYP Hwasong-15 und die anhaltende Forschungsentwicklung der selbigen. Dadurch sei nun Pjöngjang in der Lage die USA zu erreichen. Bereits mit dem durchgeführten Start einer Rakete vom Typ Taepondong-2 (Unha-2) und dem einhergehenden Verstoß der verabschiedeten Resolution 1718 (2006) vom 14. Oktober 2006 sorgte die DVRK für internationale Spannungen. Die damaligen Gründe hingen bei näherer Betrachtung mit der Situation und dessen Problemen in Nordkorea zusammen. Der Journalist Iwan Sachartschenko[99] nennt in seiner Analyse über das Raketenprogramm Nordkoreas vier Gründe die zum Raketenstart geführt haben. Zunächst spielt für Sachartschenko die fragile innenpolitische Situation um den damaligen Gesundheitszustand Kim Jong Il eine Rolle. Ebenso könnte der Raketenstart in direktem Zusammenhang mit dem Amtsantritt des ehemaligen US-Präsidenten Barack Obamas und der damit erhofften Aufmerk-

---

[98] Nach Raketentest, Nordkorea prahlt, Trump hält sich zurück, FAZ Ausland, m.faz.net, 29.11.2017.

[99] Iwan, Sachartschenko, Ria Novosti: Wozu will Nordkorea eine Rakete starten? URL: http://de.rian.ru/analysis/20090312/120539682.html, aufgerufen am 23.06.2009.

samkeit durch Washington stehen. Möglicherweise war der Raketenstart auch an die Adresse Südkoreas gerichtet, wo die damalige konservative Regierung in Seoul die Beziehungen einfrieren ließ. Südkoreas Präsident Lee Myung Bak ließ den Ausbau der Wirtschaftszusammenarbeit vom Abbau des umstrittenen nordkoreanischen Atomprogramms abhängig machen[100]. Letztendlich könnte Pjöngjang, neben der friedlichen Nutzung, diese Technologie auch militärisch verwenden, um die Beziehungen mit den USA – in Form eines »Hebel für die Verteidigung der eigenen Interessen« – zu normalisieren. Dies scheint 2018 der Fall zu sein. Tatsächlich gab es bei den Olympischen Winterspielen in Südkorea 2018 eine »Friedensoffensive« von Seiten der DVRK. Unter Vorbehalt dieser genannten Motive Nordkoreas müssen wir uns die ersten Schritte des nordkoreanischen Atomwaffenprogramms vergegenwärtigen. Vornehmlich betrachten die Vereinigten Staaten von Amerika die DVRK als eine Art Spielball der Interessen. Entsprechend ist auch der sprunghafte Statuswechsel eines *»Schurkenstaates und Mitglied der Achse des Bösen«*[101] hin zum gestrichenen *»Land von der schwarzen Liste der Terrorunterstützer«*[102] zu verstehen, solange im UN-Sicher-

---

[100] Nordkorea droht mit Militäraktionen, http://www.sueddeutsche.de/politik/338/438082/text/, aufgerufen am 16.05.2009.

[101] Die Achse des Bösen (Axis of Evil) ist ein am 29. Januar 2002 von US-Präsident George W. Bush in einer Rede zur Lage der Nation geprägter Begriff, mit dem er die Länder Nordkorea, Iran und Irak in einen gemeinsamen Kontext stellte.

[102] Im Rahmen der Sechs-Parteien Gespräche wurde zugesagt, daß Nordkorea von der Liste gestrichen wird, wenn es sein Atomprogramm

heitsrat Vereinbarungen getroffen werden die im Interesse der Vereinigten Staaten sind. Dennoch ist es dem UN-Sicherheitsrat nicht gelungen, Nordkorea von einem Verstoß der Resolution 1718 (2006) abzuhalten. Am 13. April 2009 gab der Präsident des Sicherheitsrates auf der 6106 Sitzung des Sicherheitsrates mit der Behandlung des Punktes »*Nichtverbreitung Demokratische Republik Nordkorea*« bekannt: »*der Sicherheitsrat ist sich dessen bewusst, wie wichtig die Wahrung des Friedens und der Stabilität auf der koreanischen Halbinsel und in Nordostasien insgesamt ist. Der Sicherheitsrat verurteilt den am 05. April 2009 (Ortszeit) durchgeführten Start durch die Demokratische Volksrepublik Korea (DVRK), der unter Verstoß gegen Resolution 1718 (2006) des Sicherheitsrates erfolgte. […]*«[103] Wie konnte es zu dieser Resolution kommen?

Ein Rückblick: Seit dem 27. Juli 1953, also dem Ende des Koreakrieges, stehen sich die Demokratische Volksrepublik Korea (Nordkorea) und die Republik Korea (Südkorea) als eigenständige Staaten gegenüber. Die Demilitarisierte Zone (DMZ) wird auf Seiten Nordkoreas von eigenen Truppen und auf südkoreanischer Seite von einem UNO-Kommando (United Nations Command, vor allem US- und südkoreanischen Truppen) überwacht. Die Stationierung amerikanischer Atomwaffen in Südkorea 1985 verschärfte die politische Lage und trug dazu bei, daß Nordkorea im Laufe der Jahre so »*überabgeschreckt*« wurde – daß es die Gefahr eines tatsächlichen Atomangriffs für vorstellbar hielt. Dieser An-

---

beendet. Am 11. Oktober 2008 wurde mitgeteilt, das Nordkorea von der Liste entfernt wurde.

[103] Erklärung des Präsidenten des Sicherheitsrats, S/PRST/2009/7.

sicht folgt zumindest der Direktor des Nautilus Institute an der Universität San Francisco, Peter Hayes. Hayes sieht Nordkorea zudem in der Rolle eines »Stalker State«. Nordkorea verwendet demnach sein Atomwaffenprogramm, um die Vereinigten Staaten zu einer Partnerschaft zu zwingen und verfolgt dabei eine *»strategy of compellance«*. Der weltweite Demokratisierungsschub Ende der 1980er Jahre und das Ende des Kalten Krieges bildeten zunächst für die USA den Höhepunkt ihres politischen Machtstrebens und sorgten dafür, daß ihre Machtstellung sowohl militärisch als auch wirtschaftlich unangefochten blieben. Diese Tatsache verdankten sie einer geschickten Ausrichtung ihrer Außenpolitik. Die Sicherung der staatlichen Eigenentwicklung und die Durchsetzung von nationalen Interessen innerhalb des internationalen Staatensystems führten die Vereinigten Staaten von Amerika zum Höhepunkt ihres politischen Machstrebens[104]. Doch seit dem Ende des Kalten Krieges und dem Zusammenbruch der UDSSR 1991 musste sich die Außenpolitik der DVRK umstellen. So verlor die Demokratische Volksrepublik Korea einen seiner zwei Alliierten und die Ökonomie des Landes begann zu stürzen und führte in eine Hungersnot. Im Jahr 1996 schrumpfte die eigene Produktion des Landes auf das Niveau von

---

[104] Die Vereinigten Staaten von Amerika (USA) ratifizierten z.B. nicht das sogenannte Kyoto-Protokoll ebensowenig ratifizierte die Clinton-Administration das Rom-Statut zur Grundlage des IStGH (Internationaler Strafgerichtshof). Vielmehr wurde 2002 der American Service Member´s Protection Act rechtskräftig, der den US-Präsidenten implizit dazu ermächtigt eine militärische Befreiung von US-Staatsbürgern vorzunehmen, die sich in Den Haag vor dem IStGH verantworten müssten.

1989. Lediglich die Clinton Administration engagierte sich mit der Demokratischen Volksrepublik Korea und begann diplomatische Gespräche. Diese gipfelten mit dem Besuch der damaligen Außenministerin Madeleine Albright im Jahr 2000. Seit 1987 betreibt Nordkorea in Yongbyon einen eigenen Forschungsreaktor, der zur Erzeugung waffenfähigen Plutoniums geeignet ist; obwohl die DVRK auf sowjetischen Druck dem Atomwaffensperrvertrag 1985 beitrat. Die DVRK lehnte es allerdings ab, mit der IAEA ein Inspektionsabkommen abzuschließen. So einigten sich die USA und die DVRK 1994 auf den Umbau des nordkoreanischen Nuklearprogramms hin zu einer rein friedlichen Nutzung. Am 21. Oktober 1994 unterzeichneten in Genf die USA und die DVRK ein gemeinsames Abkommen, indem der Umbau des nordkoreanischen Nuklearprogramms vollzogen werden sollte und der DVRK als Gegenleistung diplomatische und wirtschaftliche Beziehungen in Aussicht gestellt wurden. Konkret verpflichtete sich Pjöngjang in dem dreieinhalbseitigen Abkommen[105]:

- zur Stilllegung eines Grafitreaktors in Yongbyon, aus dessen Brennstäben in einer ebenfalls stillzulegenden Wiederaufarbeitungsanlage bereits Plutonium gewonnen wurde;
- zur sicheren Lagerung vorhandener Brennstäbe;
- zur Einstellung des Baus von zwei anderen Atomkraft-

105 Das Abkommen zwischen Nordkorea und den USA, Süddeutsche Zeitung.de, http://www.sueddeutsche.de/politik/4/352835/text/, Stand 06.05.20009.

werken, die ebenfalls Plutonium für militärische Zwecke hätten liefern können;
- den Atomwaffensperrvertrag nicht (wie 1993 angekündigt) aufzukündigen und sich dessen Bestimmungen zu unterwerfen, wozu auch ungehinderte Kontrollen durch die Internationale Atomenergiebehörde (IAEO) gehören.

Die Umsetzung sollte durch die 1995 von den USA, Japan und Südkorea gegründete Korean Peninsula Energy Development Organisation (KEDO)[106] erfolgen. Nachdem Nordkorea 2002 das Betreiben eines geheimen Urananreicherungsprogramms zugegeben hatte, wurde der Bau der Reaktoren 2006 endgültig eingestellt. Seit Vorliegen der Hinweise auf die Urananreicherung und der Kündigung der Nuclear Non-Proliferation Treaty Mitgliedschaft 2003 bemüht sich die internationale Gemeinschaft darum, Nordkorea zur Einhaltung seiner internationalen Verpflichtungen zu bewegen (insbesondere aus dem Nichtverbreitungsvertrag, dem Safeguards-Abkommen mit der IAEA sowie dem bilateralen Rahmenabkommen von 1994). Nordkorea erklärte sich aber am 31. März 2005 zum Kernwaffenstaat und am 09. Oktober 2006 führte Nordkorea nach eigener Aussage

[106] Zur Implementierung des Reaktortransfers und der vereinbarten Schweröllieferungen wurde im Frühjahr 1995 von den USA, Südkorea und Japan die Korean Energy Development Organisation (KEDO), gegründet. Diese Organisation war damit betraut, die vereinbarten Reaktor- und Öl- Transferleistungen in einem stufenweisen Umsetzungsszenario unter Einschluss der IAEO und der bilateralen politischen Abkommenskomponenten zu implementieren.

einen Atomtest durch[107]. Diese Entwicklung gipfelte in dem umstrittenen Raketenstart im April 2009 und dem einseitigen Abbruch der Sechs-Parteien Gespräche über das Atomwaffenprogramm von Seiten des nordkoreanischen Außenministeriums[108].

Konfliktparteien

Betrachten wir den Konflikt näher; dann können wir im wesentlichem zwei Konfliktparteien erkennen: Die Vereinigten Staaten von Amerika (USA) und die Demokratische Volksrepublik Korea (DVRK). Beide stehen sich seit dem 27. Juli 1953 konfrontativ und militärisch gegenüber und haben bisher durch eine Politik der Abschreckung versucht, ihre politischen Machtinteressen auf der koreanischen Halbinsel umzusetzen. Die Tatsache, daß die nordkoreanische Regierung sich resistent gegen militärische Drohungen zeigt, verschärft die Lage zusehends und erhöht die Bereitschaft beider Staaten auf militärische Aktionen hinzuarbeiten.

---

[107] Jahresabrüstungsbericht 2007, auswärtiges Amt.

[108] »Wir werden niemals mehr an diesen Gesprächen teilnehmen« und »nicht länger nötig«, kündigte das Außenministerium in Pjöngjang an. Auch werde sich das Land niemals mehr an die Vereinbarungen des Sechs-Länder-Atomgespräche gebunden fühlen, hieß es in einer von den staatlichen Medien veröffentlichten Erklärung. Zugleich kündigte das kommunistische Land an, seine atomare Abschreckung auszubauen und die stillgelegten Nuklearanlagen zur Produktion von kernwaffentauglichen Material wiederherstellen zu wollen, UNO-Sicherheitsrat verurteilt Raketenstart Nordkoreas – verabschiedet aber keine Resolution, http://www.uni kassel.de/fb5/frieden/regionen/Korea/raketen3.html, 09.05.2009.

Zweifellos sind hier weitere Konfliktparteien integriert. So rangieren der UN-Sicherheitsrat der Vereinten Nationen (United Nations Security Council) sowie die IAEA (International Atomic Energy Agency/Internationale Atomenergiebehörde) an oberster Stelle. Daneben bilden China, Russland, Japan und Südkorea die weiteren wichtigen Akteure (Konfliktparteien) bei den internationalen Verhandlungen. Zusammen mit den USA und Nordkorea haben diese Staaten im Jahr 2003 die sogenannten »Sechs-Parteien« Gespräche ins Leben gerufen. Am 19. September 2005 ging eine gemeinsame Stellungnahme hervor, in dem Nordkorea zu »einen Verzicht auf sein Atomprogramm« und »zudem [...] in den Rahmen des Atomwaffensperrvertrags zurückzukehren [...]«[109] zustimmte. Seither haben die Spannungen zugenommen und durch den Raketenstart der DVRK fühlte sich vor allem Japan beunruhigt. Die japanische Regierung schließe nicht aus, daß Nordkorea angreifen könnte, wenn Japan im Falle einer Krise die USA unterstützen würde. Scheinbar unbeobachtet von der internationalen Öffentlichkeit sind die Mitglieder der Überwachungskommission der Neutralen Nationen (Neutral Nations Supervisory/NNSC) ein weiterer Bestandteil im Kontext des koreanischen Konflikts. Die Schweiz und Schweden übernahmen nach dem Ende des Koreakrieges im Juli 1953 langfristige Verpflichtungen auf der koreanischen Halbinsel und wurden für die Umsetzung des Waffenstillstandabkommens verantwortlich gemacht. Da bis heute kein Friedensvertrag zwischen Nordkorea und Südkorea vorliegt ist die NNSC integraler Bestandteil der Umsetzungsme-

[109] Vierte Runde der Sechs-Parteien-Gespräche beendet, http://www.china-botschaft.de/det/jj/t212761.htm, 09.05.2009.

chanismen des Waffenstillstandsabkommens (Mitgliedschaft in der *Group of Friends*). Allerdings sind die Einflussmaßnahmen der NNSC-Staaten in der Region gering; denn China und die USA dominieren weitgehend ihre Bündnispartner Nordkorea bzw. Südkorea. Nach wie vor ist Nordostasien ideologisch, politisch, wirtschaftlich, zivilisatorisch und kulturell relativ stark gespalten. Von wesentlicher Bedeutung ist allerdings, daß es bisher keine Einigkeit über den Endstatus Koreas gibt. Allerdings gibt es über den konkreten Konfliktgegenstand eine scheinbare Einigung, denn dieser ist weiterhin das nordkoreanische Kernwaffenprogramm. Selbiges widerspricht dem Ziel der Nonproliferation, welches sich die internationale Gemeinschaft selbst auferlegt hat. Der Atomwaffensperrvertrag oder nukleare Nichtverbreitungsvertrag (Non-Proliferation-Treaty NPT) aus dem Jahr 1970 verhindert bis heute die unbegrenzte Weiterverbreitung von Atomwaffen.

Nicht weniger spielt auch das Verhalten der jeweiligen Wirtschafts- und Sozialordnung eine Rolle, die den Konflikt nachhaltig beeinflußt. Sowohl der USA, als auch der DVRK geht es um die Ausübung von Macht. Für die USA spielt der Internationale Einfluss - im Sinne einer aktuellen oder potentiellen Möglichkeit, Interessen militärisch und wirtschaftlich durchzusetzen - eine wesentliche Rolle. Unter dem Leitkonzept der »Smart Power« (intelligente Macht) unternimmt die amerikanische Außenpolitik weiterhin den Versuch die Führungsrolle in der Welt aufrecht zu erhalten und bindet im Rahmen ihrer internationalen Beziehungen die Verbündeten mit ein. So verbindet dieser Begriff die Prinzipien von »hard power«, also Macht durch militärischen Druck, mit denen der »soft power«, also der Fähigkeit, Gefolgschaft anderer Staaten ohne Zwang herzustellen[110]. Ihnen gegenüber stehen die DVRK in dieser Hinsicht in nichts nach, denn das autoritäre Regime in Nordkorea verordnete mit der eingeführten Songun-Politik unter Kim Jong-Il eine restriktive Innenpolitik. So berichtet die Frankfurter Allgemeine Zeitung - gestützt auf einem Bericht der Parteizeitung Rodong Sinmun - über die Songun-Politik, daß *»der Schutz der revolutionären Führung ist um jeden Preis der höchste Patriotismus und die erste Priorität unseres Militärs und des Volkes«*[111]. Somit steht diese Politik diametral zu den Leitprinzipien der internationalen Gemeinschaft; denn diese beinhaltet einen holistischen Ansatz zur Bewältigung von Gewalt und Unterdrückung. Dies spricht auch für die Tatsache, daß sich Nordkorea wenig aufgeschlossen für »weiche« sicherheitspolitische Ansätze zeigt. Beide außenpolitische Ansätze stehen sich damit gegenüber und blockieren so langfristige Lösungen.

---

[110] Hofmann, Stefan: Smart Power als neue US-Devise. Ringvorlesung zu Amerikas Außenpolitik, vgl.http://www.kas.de/proj/home/pub/95/1/dokument_id-15496/index.html, aufgerufen am 03.06.2009.

[111] FAZ.net, Nordkoreas Nebelwelten, 2009.

Konfliktregelung - und lösungsansätze

Ungeachtet der Verschlechterung der bi- und multilateralen Beziehungen ist es notwendig ein Fenster der Entspannung zu öffnen. Die derzeitige Austragung des Konflikts in Form von gegenseitigen Vorwürfen, Verdächtigungen und Androhungen von »neuen« Sanktionen und Resolutionen werden diesen Konflikt nicht lösen können. So betonen die USA, daß Nordkorea zunächst sein Atomprogramm aufgeben soll und bringen dies auch in den Gesprächen mit Nordkorea zum Ausdruck. Im Gegenzug fordert Nordkorea ein »zeitgleiches Handeln« und betont die »feindselige US-Politik gegenüber Nordkorea«. Dadurch sehe sich das Regime in Pjöngjang in seiner Politik bestätigt, das Nuklearprogramm im Sinne einer Selbstverteidigung aufzubauen[112]. Speziell dieses gegenseitige Misstrauen – basierend auf einer beiderseitig vorhandenen ideologischen Grundeinstellung und einem damit beschränkten Horizont – erschweren eine friedliche Lösung. Somit verfehlte auch die verabschiedete Präsidialerklärung in Bezug auf eine Verletzung der Sicherheitsrats-Resolution 1718 von 2006 (Erklärung des Präsidenten des Sicherheitsrats) seine Wirkung; denn letzten Endes hat sich damit Nordkorea aus den Sechs-Parteien Gesprächen verabschiedet. Wohl ist sich der Sicherheitsrat einig, daß *»die DVRK ihre Verpflichtungen nach Resolution 1718 (2006) vollständig einhalten muss«* und *»daß die DVRK keinen weiteren Start durchführt«*. So fordert der

[112] Die koreanische Halbinsel und die Welt, http://world.kbs.co.kr/special/northkorea/index.htm?lang=g, 03.06.2009.

Sicherheitsrat *»alle Mitgliedstaaten auf, ihre Verpflichtungen nach Resolution 1718 (2006) vollständig einzuhalten«*. Nordkorea lässt sich davon nicht beeindrucken, denn China gesteht Nordkorea auch das Recht zur *»friedliche Nutzung«* der Raumfahrt zu. Entsprechen betonte die Sprecherin des chinesischen Außenministeriums, Jiang Yu, *»[...] daß die betroffenen Parteien sich in Zurückhaltung üben und ruhig bleiben können, um den globalen Frieden und die Stabilität zu bewahren«*[113]. Genau diese Tatsache versuchte Nordkorea der internationalen Gemeinschaft zu vermitteln, indem es mitteilte, daß es sich beim Raketenstart vom 05. April 2009, um einen Kommunikationssatelliten[114] handelte. Dieser sei auf eine Erdumlaufbahn gebracht worden und dieses Recht stehe jedem Staat zu und können durch keinen völkerrechtlichen Vertrag verboten werden.

Die bis dato angewandten Konfliktregelungsmuster verlieren in ihrer Häufigkeit somit an Wirkung. Demzufolge könnte bei einer weiteren Eskalation des Konflikts auf militärische Optionen gesetzt und durch begrenzte Vernichtungsschläge das Problem von

---

[113] Erste Satellitenfotos von Raketenstart veröffentlicht; http://nachrichten.t-online.de/c/18/34/81/94/18348194.html, 22.05.2009.

[114] DPRK to launch Its Satellite Soon: Pyongyang, April 4 (KCNA) – Preparations for launching Kwangmyongsong-2, an experimental communications satellite, by carrier rocket Unha-2 have been completed at the satellite launching ground in the east coastal area of the DPRK, according to the information available from the Korean Committee of Space Technology [...], http://www.kcna.co.jp/index-e.htm, 18.05.2009.

alleine gelöst werden. Aus diesem Grund ist es notwendig, auf ein bestehendes und vernünftiges Konzept hinzuarbeiten.
In diesem Fall könnte das Konzept der vertrauensbildenden Maßnahmen (VBM), als Instrument der Diplomatie, an Bedeutung gewinnen. Die Vereinten Nationen verwenden folgende Definition von VBM: »Actions taken to reduce or eliminate the causes of mistrust, fear, tensions und hostility amongst hostile parties, such as states and non-state actors«. VBM sind »weiche« oder »operationelle« Maßnahmen zur Rüstungskontrolle und sollen in der Regel Fehlwahrnehmungen und Sicherheitsbedenken reduzieren, die Bandbreite militärischer Optionen für die Durchführung eines Überraschungsangriffs vermindern und Abrüstungsmaßnahmen schaffen[115]. Allerdings sind diese VBM flexibel und politisch nicht rechtlich bindende Maßnahmen. So lassen sie sich in zwei Arten aufteilen: zivile vertrauensbildende Maßnahmen (ZVBM) und die klassischen VBM, welche sich ergänzen oder sogar ganz ersetzen können. Im Laufe der Jahre haben die USA und China wesentliche Erkenntnisse im Umgang mit VBM-Prozessen gewinnen können und so spielt hierbei die Methode der *mediation*[116] eine wichtige Rolle. Ebenso können die NNSC-

---

[115] Mason, Simon J.A.; Mauer, Victor: Vertrauensbildende Maßnahmen für die koreanische Halbinsel, Bulletin 2008 zur Schweizerischen Sicherheitspolitik, S. 130, http://www.swisspeace.ch , 23.06.2018.

[116] Mediation ist eine Methode, um Verhandlungen zu unterstützen und Konflikte mit Hilfe einer unterstützenden dritten Kraft zu transformieren. Im Allgemeinen arbeiten Mediatoren in Teams, die den Prozess strukturieren und leiten, die Kommunikation zwischen den Konfliktparteien ermöglichen, die Parteien darin unterstützen, ihre Interessen und Bedürfnisse auszudrücken und zu erreichen und die dazu beitragen, Gemeinsamkeiten zwischen den Parteien aufzuzei-

Staaten eine wichtige Rolle in einem VBM-Prozess spielen. Diese Staaten besitzen langfristige Kontakte auf der koreanischen Halbinsel und können einen *facilitative mediation* Ansatz ohne Einsatz jeglicher Druckmittel verfolgen. Speziell hierin liegt die Möglichkeit einer Konfliktlösung; denn das Regime in Nordkorea lässt sich nicht mit Druckmitteln einschüchtern. Vielmehr sind abschreckende Elemente von negativem Erfolg gekrönt und führen dazu, daß die Verabschiedungen von UN-Resolutionen zur Farce werden. Diese Entwicklung hätte fatale Auswirkungen auf zukünftige Entscheidungen der UN-Generalversammlung und des UN-Sicherheitsrates. So äußerte bereits das nordkoreanische Außenministerium am 14.April 2009: »Wir haben keine andere Wahl, als unsere nukleare Abschreckung zu verstärken, um neuen militärischen Bedrohungen von feindlichen Kräften am 25. Mai 2009 einen weiteren Atomwaffentest nach 2006 durch. Zugleich wurden mehrere Kurzstreckenraketentests durchgeführt. Damit hat sich der Spannungszustand zwischen den Konfliktparteien zu einer lang anhaltenden Krise entwickelt.

Obendrein sind der zügellose Drang zum wirtschaftlichen Wachstum und die damit verbundene Notwendigkeit der (militärischen) Sicherung von Ressourcen ein weiterer Grund, die das Konfliktrisiko steigern. So stellt das Friedensforschungsinstitut SIPRI fest,

---

gen. Es gibt verschiedene Ansätze der Mediation, die sich im Grad der Durchsetzungskraft des Mediatoren unterscheiden: Die facilitati ve mediation (mit minimalen Einfluss auf den Inhalt und Betonung auf den Prozess; Förderung der Kommunikation), die formulative mediation (Betonung von Anreizen und abschreckende Elemente, Einsatz von Druckmitteln). Die facilitative mediation ist hilfreicher, wenn es darum geht, eine Einigung zu erzielen. Vgl. Ebenda, S. 133.

daß die weltweiten Rüstungsausgaben in den vergangenen fünf Jahren gegenüber der vorausgegangenen Fünfjahresperiode um mehr als ein Fünftel angestiegen sind. Das Institut sieht die Gefahr eines regelrechten Wettrüstens und nennt dabei die spannungsgeladenen Regionen des Nahen Osten, Nordafrika, Südamerika, Südasien und Südostasien. Beispielhaft ist dabei der spektakuläre Anstieg beim Waffenimport in Südostasien. So hat z.B. Malaysia seine Rüstungsausgaben um 72% erhöht. Nach Südamerika wurden wiederum in den vergangenen fünf Jahren mehr Waffen geliefert als zu Beginn des Jahrhunderts. Betrachten wir die Militärausgaben in den Jahren 1998 bis 2007, so können wir feststellen, daß diese weltweit um 45% anstiegen. Dabei verzeichnet das Friedensforschungsinstitut SIPRI den grössten Zuwachs in Amerika (Nord und Süd) mit 63% Der Mittlere Osten folgt mit einer Steigerung von 62%, Asien und Afrika mit 53% bzw. 51%. In Europa liegt der Zuwachs bei 16%.[117]
Durch die Versorgung mit Waffen wird zusätzlich ein Faktor geschaffen, der den Krieg nährt und die Dynamik des Krieges und der Armut weiter vorantreiben. Allerdings verweist Werner Ruf in seinem Beitrag »Armut, Reichtum, Krieg – Europa in der globalisierten Welt« durchaus mit Recht daraufhin, daß es nicht nur die vormalige Dritte Welt ist, in der Armut, Hunger und Elend, Krankheit und Tod vorherrschen. Vielmehr finden sich auch

[117] Fischer, Birgit: Krieg und Armut und wer davon profitiert…, in: Georg Leitner, Rita Glavitza, und Thomas Roithner (Hrsg.): KRIEG UND ARMUT Analysen und Perspektiven einer jungen ForscherInnengeneration, Österreichisches Studienzentrum für Frieden und Konfliktlösung, ÖSFK, SAFRAN Paper 05, S.29, vgl. https://www.friedensburg.at/uploads/files/safran05.pdf.

»[…] in den entwickelten Industriegesellschaften Indikatoren für eine mit physischer Verelendung einhergehende psychische Verwahrlosung«. Dieter Klein bezeichnet diese Entwicklung als eine Ökonomie der Enteignung, wenn eine Erhebung der US-Zeitschrift Forbes im März 2008 daraufhin weist, daß »weltweit 1.125 Milliardäre zusammen rd. 4.400 Mrd. US $ besitzen. Allein 25 amerikanische Milliardäre besitzen ein Vermögen, das dem von fast zwei Mrd. Menschen an der untersten Einkommensskala entspricht […]«.[118] Vorrangiges Ziel sollte es sein, die Ursachen von Armut zu bekämpfen und nicht die globale Sicherheit in den Vordergrund der internationalen Entwicklungshilfe zu stellen. Entwicklungspolitische Prioritäten müssen geändert werden und die tiefer liegenden Ursachen der globalen Unsicherheit, die aus Armut und Ungleichheit erwachsen, müssen abgebaut werden.[119] Eine weitere Möglichkeit, den Spannungszustand zu minimieren, bietet sich in der Nachfolge des nordkoreanischen Staatschefs Kim Jong-Un an. So meldete die russische Nachrichtenagentur ria novosti, daß die Nordkoreaner ihre Loyalität gegenüber Kim Jong-Un bestätigen[120]. Die Möglichkeit für einen ernsthaften Frieden zwischen den USA und Nordkorea wurde allerdings

---

[118] Ruf, Werner: Armut, Reichtum, Krieg – Europa in der globalisierten Welt, in Österreichisches Studienzentrum für Frieden und Konfliktlösung, Thomas Roithner (Hrsg.), Globale Armutsbekämpfung – ein Trojanisches Pferd?, Berlin/Wien, S. 2.

[119] Robinson, Clive: „Wessen Sicherheit? Zusammenführung und Eigenständigkeit der Sicherheits- und der Entwicklungspolitik der Europäischen Union“, Brüssel, Juni 2005, S. 39.

[120] vgl. Kim Jong-Il macht jüngsten Sohn zum Nachfolger, http://de.rian.ru/world/20090602/121825493.html, 23.06.2018.

durch den erfolgreichen Test einer Wasserstoffbombe durch das nordkoreanische Regime Anfang September 2017 konterkariert. Dieser führte zu zahlreichen Strafmaßnahmen (Sanktionen) durch die EU und den USA. Nordkorea erwiderte diese durch weitere Tests von Atomwaffen, Mittel- und Langstreckenraketen. Die »Zeiten strategischer Geduld« seien vorbei, so der US-Präsident Donald Trump im November 2017: »Wenn die Leute sagen, meine Rhetorik sei zu stark, sollten wir uns ansehen, wohin wir mit schwacher Rhetorik in den vergangenen 25 Jahren gekommen sind«. Feuer, Wut und ein noch nie gesehenes Ausmaß von Zerstörung könnte die letzte Phase dieser rhetorischen Auseinandersetzung sein, um fairen und offenen Handel auf globaler Ebene zu verwirklichen. Fairer Handel, das ist das globale Ziel. So standen die Themen Globalisierung und Freihandel auch diesmal ganz oben auf der Agenda des G20-Gipfels in Hamburg 2017, denn Freihandel sei zum Nutzen aller. Überraschend kam daher das persönliche Aufeinandertreffen des US-Präsidenten Donald Trump mit dem nordkoreanischen Staatschef Kim Jong-Un in Singapur am 12. Juni 2018 zustande. Dieses historische Treffen[121] stand (erneut) ganz im Zeichen der Denuklearisierung und politischen Annäherung.

[121] https://www.zeit.de/politik/ausland/2018-06/gipfeltreffen-donald-trump-kim-jong-un-live, 23.06.2018.

IV. Ungeist der Wissenschaft

Evolution ist Veränderung der sich langfristig auf die Entwicklung des menschlichen Individuums auswirkt. Wohin uns dieser Weg führt ist spekulativ und philosophischer Natur. 2007 formulierte der Evolutionsbiologe Richard Dawkin in seinem Buch »Der Gotteswahn« u.a. die Ansichten des Philosophen Peter Singer. Singer vertritt demnach die Ansicht, daß wir »den ‚Speziesismus' hinter uns lassen und die menschliche Behandlung auf alle biologischen Arten ausweiten, die es aufgrund der Leistungsfähigkeit ihres Gehirns zu schätzen wissen. Vielleicht ist das ein Hinweis, in welche Richtung sich der ethische Zeitgeist in zukünftigen Jahrhunderten entwickeln könnte.« Mit der Ideenwelt eines Peter Singer skizziert Richard Dawkins eine neue Welt, in der das Verhältnis zwischen den Menschen und humanoiden Robotern neu bewertet wird. Betrachten wir die rasante Entwicklung der wenigen Jahrzehnten, so müssen wir feststellen, daß die heutigen Roboter-Pioniere bereits an künstlichen Gestalten mit emotionaler und fühlbarer Telekommunikation arbeiten. Nicht weniger wirbt die BMW GROUP als Vorreiter bei der Produktion 4.0 für die Idee eines Miteinanders zwischen Mensch und Roboter. Bewusst wird für das Arbeitsmodell der zukünftigen Gegenwart geworben, denn Mensch und Roboter sollten ihrer Meinung nach gemeinsam im TEAM arbeiten. Selbstredend ohne Folgen und gesundheitsfördernd für den Menschen. Unbemerkt wird ein Ideal konstruiert, das es den modernen Philosophen erlaubt, den Menschen durch die Schaffung einer künstlichen Intelligenz selbst zu ersetzen. Wenn ich von »ersetzen« rede, dann verweise ich auf die humanoiden Roboter ATLAS von DARPA (Defense Advanced Research Projects Agency) und Boston Dynamics. Hierbei handelt es sich um die Entwicklung eines humanoiden »Geh-Roboter« aus dem Jahr 2013. »Atlas geht aufrecht und hat so die oberen Gliedmaßen frei, um Dinge aufzuheben, zu tragen und auf seine Umgebung einzuwirken«, erläutert das Unternehmen.[122] Embodiment heißt das Prinzip nach dem nur Systeme, die ihre Umwelt mittels eines Körpers manipulieren können, eine hohe Intelligenz erlangen.[123] Vorreiter dieser Entwicklung ist der humanoide Roboter Myon. »Myon ist ein modularer humanoider Roboter, der während der Laufzeit demontiert und wieder zusammengesetzt werden kann. Die Körperteile sind in einem dreifachen Sinn voll autonom: sie verfügen alle über eine eigene Energieversorgung, Rechenleistung und eine neuronale Netzwerk-Topologie, die den Standalonebetrieb der einzelnen Gliedmaße erlaubt. Der Roboter wurde speziell für Robustheit und einfache Wartung konzipiert und optimiert. Er weist eine Kombination aus einem Endoskelett mit einem stabilisierenden Exoskelett auf, wobei letzteres auch manuell, also ohne technische Werkzeuge abgenommen werden kann. Einer der wesentlichen Teile ist ein neuartiger Flansch, der die Körperteile mechanisch fest verbindet und gleichzeitig die

[122] Müller, Andreas: Google entfesselt autonome humanoide Roboter, grenzwissenschaft-aktuell.de, 2016.

[123] Begegnung mit einer unbekannten Art, in: Künstliche Intelligenz, National Geographic, Juli 2017, S. 72.

Weiterleitung der Versorgungsleistungen und sensomotorischen Signale ermöglicht«.[124] Die Entwicklung nimmt rasant zu und unbemerkt vollzieht sich zu Beginn des 21. Jahrhunderts eine epochale Wende. Derartige Maschinen werden schneller, klüger und menschenähnlicher. Viele dieser `Fortschritte´ werden von der Gesellschaft nicht wahrgenommen, ignoriert, verniedlicht oder gelinde gesagt belacht, denn »in den sozialen Netzwerken kursierten schnell die ersten Witze, daß die Roboter wohl schon bald die Weltherrschaft an sich reißen würden [...]«.[125] Analoge menschliche Dummheit: *denn bei diesem Geschehen handelt es sich um die entfaltete Immanenz der antichristlichen Verschwörung des Jakobinismus. Es ist die fortgeführte globale Genese von moderner Wissenschaft, Industrie, Philosophie und Militär seit den frühesten Anfängen des 20. Jahrhunderts; sprich einer zugrunde gelegten hundertjährigen Entwicklung der Speziation.* Pierre Teilhard de Chardin erkannte bereits in seinen frühen Aufsätzen das Problem der menschlichen Zukunft und formulierte 1952: »Und hier zeigt sich mit voller Klarheit die Bedeutung [...], daß die Menschheit auf der Spitze geistiger Konzentration und nicht auf der Basis materieller Anordnung biologisch ihr Gleichgewicht finden würde. Wenn nämlich einmal, dieser Schräge folgend, am Ziel der Technik und Zivilisation ein kritischer Punkt der Speziation anerkannt ist, öffnet sich endlich auf dem Gipfel der Zeit ein Tor: nicht nur für unsere Hoffnungen auf

---

[124] Forschungslabor Neurobotik, Myon, www.neurorobotik.de, Stand 03.2018.

[125] Moorstedt, Michael: Wann werden Roboter weinen?, Focus Online – Nachrichten, 2016.

ein Hinausbrechen, sondern auch für die Erwartung irgendeiner Offenbarung.«[126] Teilhard de Chardin nannte es die »Kräfte der Finalität«: »In seinen Anfängen läßt sich das menschliche Erfindungsvermögen, wie wir es heute noch beim Kind beobachten können, sozusagen mit einem Spiel verwechseln. In diesen ersten Kundgebungen eines Vermögens reflektierter Anordnung erscheint alles einfach, ungefährlich oder sogar wohltuend. Und ebensowenig läßt etwas voraussehen, daß der Augenblick kommen könnte, da es uns unmöglich wird, weiter zu `spielen´. Und dann, je mehr das Phänomen innerhalb einer Menschheit im Übergang zum Erwachsensein sich verbreitet und entwickelt, erweist sich das angebliche Spiel plötzlich als entsetzlich ernst. Einerseits hat der »Zauberlehrling«, da er alles betastete, schließlich den Finger auf derart vitale Kräfte gelegt, daß er zu fürchten beginnt, in der Natur irgendein Unheil anzurichten. Andererseits wird in dem Maße, wie er erfährt, daß kraft eben seiner Entdeckungen gewisse Hebel der Welt allmählich in seine Hände übergehen, klar, daß er, um dieser neuen Situation gewachsen zu sein, wesentlich darauf angewiesen ist, sich eine Überzeugung und einen Glauben im Hinblick auf die Zukunft und den Wert des Werkes zu schaffen, das ihm nunmehr aufgegeben ist«.[127] Daraus ergeben sich weiterführende Fragen: Welchen Wert hat das Leben? Müssen wir der Forderung nach politischer Regulation

---

[126] de Chardin, Teilhard: Das Ende der Art, 1952, in: Die Zukunft des Menschen, Pierre Teilhard de Chardin Werke, Band 5, Walter Verlag, 1963, S. 398.

[127] de Chardin, Teilhard: Der menschliche Neu-Aufbruch der Evolution und seine Folgen, in: Die Zukunft des Menschen, Pierre Teilhard de Chardin Werke, Band 5, Walter Verlag, 1963, S. 264f.

gerecht werden? Die Kräfte der Finalität zerren am menschlichen Dasein, seinem Bewusstsein und letztendlich führen sie ihn zu seinem vorbestimmten Niedergang. Wir haben es somit mit zwei unterschiedlichen Kräften zu tun, die an der menschlichen Existenz zerren werden: die Entwicklung von künstlicher Existenz (KI) und die Verschmelzung (Transhumanismus) von Mensch und Maschine. Die Fortführung der globalen Vernetzung von moderner Wissenschaft, Industrie, Philosophie und Militär führt uns zur kurzweil´schen Singularität[128]. Allerdings bringt sie uns keine allumfassende Wahrheit. Vielmehr verbirgt sich hinter diesem Ereignishorizont die Absorbierung der menschlichen Seele. Leben und Tod, wie wir es kennen, gibt es in diesem Zustand nicht mehr. Bis dato gültige Gesetze der Evolution, Wissenschaft, Ethik und Religion werden marginalisiert und verlieren an Gültigkeit: kurz, sie werden von Mischwesen und Robotern neu definiert. Und damit sind wir nicht am Höhepunkt der menschlichen Evolution angelangt; sondern an ihrem vorbestimmten Ende: »Siehe, er kommt mit den Wolken, und es werden ihn sehen alle Augen und die ihn zerstochen haben; und werden heulen alle Geschlechter der Erde. Ja, amen« (Offenbarung 1,7).

---

[128] Dieser Begriff bezeichnet eine in naher Zukunft zu erwartende explosionsartige Vermehrung künstlicher Intelligenz. Im Zentrum steht hierbei die sogenannte technologische Singularität und wurde von Ray Kurzweil in seinem Buch *The Singularity Is Near. When Humans Transcend Biology* geprägt.

9. Roboter: Fleischgewordener Golem

Die Ideenwelt über die Geburt einer neuen Art[129] wird Wirklichkeit. Betrachten wir die rasante Entwicklung der letzten Jahrzehnte, so stellen wir fest, daß die heutigen Roboter-Pioniere bereits an künstlichen Gestalten mit emotionaler und fühlbarer Telekommunikation arbeiten. Die vielgenannten Beispiele sind selbstredend nicht zu vergleichen mit jenen Figuren aus Terminator, Wall-E oder A.I. von Steven Spielberg. Möglicherweise werfen sie einen Blick auf eine Entwicklung, die in den kommenden Jahrzehnten das Verhältnis zwischen Mensch und Roboter bestimmen. Dabei stellt sich jedoch die Frage: was verstehen wir unter einem »Roboter«.

Das Wort »Roboter« lässt sich ursprünglich auf das alte tschechische und slawische Wort »robota« zurückführen, das »Frondienst, Arbeit« bedeutet. Jemand der schwer arbeitet und darauf reduziert wird, ist demnach ein »Roboter«. Es wurde erstmals 1920 von dem tschechischen Schriftsteller Karel Capek verwendet.[130] In diesem Kontext steht auch das mythische Motiv des Prager Golems. Dieses künstliche Wesen aus Ton wurde von Jehuda ben Betzalel, dem Hohen Rabbi Löw, auf bestimmte Zeit zum Leben erweckt. Heutzutage verwenden wir die Bezeichnung »Roboter« für einen elektronisch gesteuerten Automaten. Ver-

---

129 National Geographic, Die Geburt einer neuen Art? Künstliche Intelligenz, Juli 2017.

130 Sedlácek, Tomàs: Die Ökonomie von Gut und Böse, Goldmann, 4. Auflage, München 2013, S.36.

steht man die Kombination von künstlicher Intelligenz und Maschine als System, dann entwickelt sich der »moderne Roboter« zu einem fleischgewordenen Homunkulus. Damit wird der Roboter zu einem reduzierten Menschen und langfristig als Produktionsfaktor unersätzlich.

Werfen wir einen Blick auf die Entwicklung in Deutschland, so stellen wir fest, daß in Nürnberg bereits die U3 selbständig fährt. Ebenso investiert der Technikkonzern Bosch in den Bereich intelligenter Automatisierung und präsentierte bereits den digitalen Landwirtschaftsroboter »Bonirob«[131]. Kurz: es werden viele Jobs wegfallen, denn alles was Routinearbeit ist, bedarf bald keines Menschen mehr. Ist das Misstrauen unbegründet und antiquiert? Oder dominiert unterschwellig eine Angst, die suggeriert, daß Roboter unsere Arbeitsplätze wegnehmen (sog. Robosourcing)? Vermutlich nicht, denn durch die Automatisierung und die Aufnahme von Computer-Technologien wurden wir bereits Zeugen des Rückgangs der Arbeitsplätze im mittleren Lohnsegment. Zwischen den Siebzigerjahren bis 2005 stieg die Zahl der Arbeitlosen in Deutschland auf fünf Millionen. In der Gruppe der Geringqualifizierten sind heute 20 Prozent arbeitslos und ihre Lage wird sich mit der intelligenten Automatisierung verschlechtern. Intelligente Automatisierung, Roboter und Androiden leisten uns keine besseren Dienste. Mit ihnen lassen sich die schwierigen, aber notwendigen Veränderungen zwischen menschlichem Tun und den ökologischen sowie biologischen Problemen der Erde nicht beheben. Vielmehr schaffen wir uns weitere.

---

[131] vgl. Der kann das schon allein, Süddeutsche Zeitung, Nr. 122, vom 30. Mai 2016.

Systematisch unterdrücken wir im Namen des Fortschritts und der Prosperität die menschliche Seele. Daher dürfen wir die technologische Revolution des beginnenden 21. Jahrhunderts, die Ray Kurzweil in seinem Buch »Menschheit 2.0« als Grundlage für die zu erwartende Singularität 2045 betrachtet, also jenem historischen Jahr, in dem der Mensch seine biologischen Begrenzungen mithilfe der Technik überwindet, nicht den Prämissen des wirtschaftlichen Wachstums und der Fortschrittsgläubigkeit unterordnen. Systematisch unterdrücken wir im Namen des Fortschritts und der Prosperität die menschliche Seele. Wir dürfen uns nicht einem zwangsläufigen Ergebnis beugen, das in einer materiellen Welt stattfindet und unweigerlich die Folge haben wird, daß die Menschheit sich selbst abschafft. Ich glaube, daß dies keine Flucht oder Hass auf die Technik bedeutet. Vielmehr müssen wir uns der Großartigkeit des biologischen Lebens bewusst sein. Wir dürfen dies nicht als Schwäche und Begrenzung der menschlichen Leistungsfähigkeit verstehen, sondern müssen bewusst eine Null-Toleranz-Haltung gegenüber dem Transhumanismus entwickeln. Aus diesem Grund sind die technologischen Möglichkeiten in den Bereichen der Nanotechnologie und Robotik staatlich zu regulieren, denn zukünftig wird sich die »künstliche Intelligenz« emanzipieren und mithilfe der Transhumanisten (vgl. Transhumane-Partei) für seine Freiheit kämpfen. Absurd? Kaum, denn »eine neue Version von AlphaGo benötigt keinen menschlichen Lehrer mehr. Es lernt genug aus den eigenen Fehlern und Erfolgen, um den besten Go-Spieler der Welt zu schlagen – sich selbst. «[132]

---

[132] Spektrum der Wissenschaft, Triumph der KI.Wie neuronale Netze

Zur Erinnerung: »AlphaGo« ist eine Software, die im März 2016 den amtierenden Go-Weltmeister Lee Sedol besiegte. Anders als sein ´Vorgänger` »Deep Blue« von IBM, der im Jahre 1997 den Schachweltmeister Garri Kasparow besiegte, verfügt die neue Version, »AlphaGo Zero« genannt, über ein selbstlernendes Programm. Unzweifelhaft strebt der Mensch zu Glückseligkeit und dem Guten als höchstes Ziel. In diesem Sinne dürfen wir das Böse nicht mit dem Guten vertauschen; denn die Auftritte dieser künstlichen neuronalen Netze sind beeindruckend und besorgniserregend zugleich.

Die Spur meiner Skepsis führt mich in das 19. Jahrhundert. Dort wurde ein neues Element geschaffen: die Maschine. Jene Maschine, von welcher der Sozialist William Morris sagte: »Wir sind die Sklaven der Ungeheuer geworden, die unsere eigene Schöpferkraft geboren hat«. (Signs of Change, pa. 33). Dazu schrieb Houston Stewart Chamberlain: »Die Menge des Elends, das die Maschine im 19. Jahrhundert verursacht hat, lässt sich durch keine Ziffern darstellen, sie übersteigt jede Fassungskraft. Es scheint mir wahrscheinlich, daß das 19. Jahrhundert das schmerzensreichste aller bekannten Zeiten war, und zwar hauptsächlich in Folge des plötzlichen Aufschwunges der Maschine. Im Jahre 1835, kurz nach der Einführung des Maschinenbetriebs in Indien, berichtete der Vicekönig: Das Elend findet kaum eine Parallele in der Geschichte des Handels. Die Knochen der Baumwollweber bleichen die Ebenen Indiens«[133].

---

die künstliche Intelligenz revolutionieren, 1.18,S.26.

[133] Zitiert nach May: Wirtschafts- und handelspolitische Rundschau für das Jahr 1897, S.13. vgl. Houston Stewart Chamberlain, Die

Roboter wurden im 21. Jahrhundert mit den Grundzügen unseres menschlichen Charakters geschaffen[134]. Die Furcht vor der geistigen Entwicklung des Roboters mag nicht unbegründet sein, denn wenn wir die Grundzüge unseres menschlichen Charakters in den vergangenen Jahrhunderten betrachten, dann werden wir diese auch im Verhalten der Roboter erkennen. Schließlich ist unser Charakter auch hier am Werke.

Der CNN-Kolumnist Zachary Cohen beschreibt es so: »Die künstliche Intelligenz ist der neue Fokus im internationalen Wettrüsten. Die künstliche Intelligenz ist eine strategische Technologie, die die Zukunft bestimmt«.[135] Gleichbedeutend lässt sich mit dieser Aussage die Meinung des französischen Futurologen Jean-Christophe Bonis bewerten, der sich in einer Pressekonferenz im russischen Softwareunternehmen »Kaspersky Lab« zur Frage nach der neuen Superwaffe des 21. Jahrhundert wie folgt äußerte: »Ich denke, es werden Systeme von künstlicher Intelligenz sein: Für ihre Arbeit braucht man, im Unterschied zur Atombombe, weder Uran, noch Werke, noch andere schwerzugängliche Dinge, sondern nur Silizium und Strom«[136]. Selbstverständlich gibt es auch andere Meinungen, wie z.B. Raúl

---

Grundlagen des neunzehnten Jahrhunderts, zweite Hälfte, Jubillläums-Ausgabe der 25. Auflage, F.Bruckman K.-G., München, 1940, S.997.

[134] Moderne Avatare wie z.B. die bionischen Wesen in Form der japanischen Actroiden: Repliee Q1 (Release 2004), Actroid-DER 2 (Release 2006).

[135] Künstliche Intelligenz: USA riskieren Niederlage im Wettrüsten mit Russland und China, Panorama, Sputnik news, 01.12.2017.

[136] Französischer Futurologe nennt Waffe des Jahrhunderts, Wissen, Sputnik news, 17.06.2017.

Rojas, Mathematiker und Professor für Informatik an der Freien Universität Berlin. Er leitet das Dahlem Center for Machine Learning and Robotics. Gegenüber dem evangelischen Magazin chrismon betont er: »[…] Ich weiß, was der Stand der Technik ist. Wir kochen alle nur mit Wasser. Die Leute, die diese Roboter bauen, tun so, als ob der Roboter wirklich viel versteht. Statt über die Grenzen und Probleme der Technologie aufzuklären, übertreiben sie maßlos, um Investoren oder neue Gelder für die Forschung zu bekommen«. Auf die Frage, ob diese Künstlichen Intelligenzen eines Tages so etwas wie Emotionen ausbilden können; äußert sich Raúl Rojas so: »Nein. Das ist absolut undenkbar. Ich arbeite seit 35 Jahren daran. Es gibt gewisse bescheidene Fähigkeiten, die wir den Computern beizubringen versuchen. Aber: Die Spracherkennung ist immer noch nicht toll. Es gibt ein paar brauchbare Sachen wie Gesichtserkennung am Flughafen oder Übersetzungssysteme. Letztere funktionieren, weil inzwischen so viele Bücher auf Deutsch und Englisch online stehen, daß der Computer die Korrespondenz zwischen beiden Sprachen automatisch lernen kann«. Raúl Rojas glaubt nicht generell, »daß Roboter irgendwann die Herrschaft über uns übernehmen werden. Konrad Zuse, der erste Computerbauer in Deutschland, sagte einmal: Wenn die Computer zu frech werden, zieh den Stecker raus«.[137]

Inwieweit wir noch in der Zukunft den »Stecker« rausziehen können, werden wir abwarten müssen. Ich stelle mir vielmehr die

---

[137] Die können was! Aber können Roboter auch fühlen?, Moderation: Mareike Fallet und Michael Güthlein, in: Chrismon.Das evangelische Magazin, Ausgabe: Frieden ist möglich, 12.2017, S.30f.

Frage: Müssen wir unsere Ansichten über die Natur des Menschen überdenken, weil Männer der Wissenschaft unsere Vorstellung vom Universum ändern? Sind wir jenen verpflichtet, die die Einzigartigkeit der menschlichen Seele in Frage stellen? Wir dürfen uns nicht einem zwangsläufigen Ergebnis beugen, das in einer materiellen Welt stattfindet und unweigerlich die Folge haben wird, daß die Menschheit sich selbst abschafft. Ungeachtet dessen müssen wir uns der Großartigkeit des biologischen Lebens bewusst sein. Was heißt das nun praktisch? Wenn wir davon ausgehen, daß die hier beschriebenen Bedingungen einer sich selbstständig entwickelnden künstlichen Intelligenz (z.B. selbstlernende Automatenfabriken), zutreffen; dann müssen wir die technologischen Möglichkeiten in den Bereichen der intelligenten Automatisierung (Vollautomation), Nanotechnologie und Genetik staatlich regulieren. Ebenso müssen wir Strategien entwickeln, wie man mit den Folgen derartiger Entwicklungen umgeht. Dies alleine wird nicht reichen, denn wir müssen das Ganze verstehen. Die ganzen politischen, wirtschaftlichen und technologischen Zusammenhänge, auch die zugrunde liegenden (meist politischen) Zwänge, die sich daraus ergeben. Letztendlich gilt es strategische Ansätze zu finden, um innerhalb des Systems einen neuen Kurs vorzugeben. Erster Ansatz könnte ein ethischer Verhaltskodex und eine Europäische Agentur für Robotik sein. Eine derartige Absicht ist nicht neu; denn die Abgeordneten des europäischen Parlaments forderten »die Kommission darüber hinaus auf, die Benennung einer Europäischen Agentur für Robotik und Künstliche Intelligenz in Betracht zu ziehen, damit das erforderliche technische, ethische und regulatorische Fachwissen für die Behörden zur Verfügung steht«.[138]

Ebenso schuf bereits 1948 der russisch-amerikanische Biochemiker, Sachbuchautor und Science-Fiction-Schriftsteller Isaac Asimov in der Kurzgeschichte »Runaround« die drei Gesetze der Robotik. Diese bilden die Möglichkeiten einer Grundlage für das Zusammenleben von Menschen und Robotern. In ihrer ursprünglichen Form lauten sie folgendermaßen:[139]

1. Ein Roboter darf einem menschlichen Wesen keinen Schaden zufügen oder durch Untätigkeit zulassen, dass einem menschlichen Wesen Schaden zugefügt wird.

[138] Robotik und künstliche Intelligenz: Abgeordnete für EU-weite Haftungsregelungen, Pressemitteilung Plenartagung, 16.02.2017, Aktuelles Europäische Parlament, vgl. http://www.europarl.europa.eu/news/de/press-room/20170210IPR61808/robotik-und-kunstliche-intelligenz-abgeordnete-fur-eu-weite-haftungsregelungen, 24.06.2018.

[139] Später erweiterte Asimov den Kodex in der Erzählung »Das galaktische Imperium« um ein weiteres, das sogenannte nullte Robotergesetz: Ein Roboter darf der Menschheit keinen Schaden zufügen oder durch Untätigkeit zulassen, dass der Menschheit Schaden zugefügt wird. Das nullte Gesetz stellte Asmiov als übergeordneten Grundsatz den anderen Regeln voran. vgl. Die Robotergesetzte von Isaac Asimov, 24.06.2018. http://www.roboterwelt.de/magazin/die-robotergesetze-von-isaac-asimov/

2. Ein Roboter muss den Befehlen gehorchen, die ihm von Menschen erteilt werden, es sei denn, dies würde gegen das erste Gebot verstoßen.
3. Ein Roboter muss seine eigene Existenz schützen, solange solch ein Schutz nicht gegen das erste oder zweite Gebot verstößt.

Während ich diese Zeilen tippe, fiel mir ein Artikel der Süddeutschen Zeitung mit dem Namen »Krabbeln, klettern, schwimmen« in die Hände. Hierbei handelte es sich um einen Bericht über einen 3,7 Millimeter kleinen Roboter, der sich auf vielfältige Weise fortbewegen kann, um irgendwann den menschlichen Körper bereisen zu können. Damit werden meine vorgenannten Forderungen zur Regulation ad absurdum geführt. In unserer Zeit sind die Neuerungen auf den unterschiedlichsten Gebieten der Wissenschaft und Technik den gesetzlichen Bestimmungen und politischen Forderungen Lichtjahre voraus. Ich will damit sagen, dass sich der Gesetzgeber den Forderungen und Entwicklungen der Wissenschaft, Forschung und Ökonomie anpasst: nicht umgekehrt. Unsinnige Verschwörungstheorie? Werfen wir also einen Blick auf den genannten SZ-Artikel vom 25. Januar 2018. Im Grunde wird hier die jüngste Entwicklung des Stuttgarter Max-Planck-Instituts (MPI) für Intelligente Systeme beschrieben: ein Milli-Roboter. Hierbei handelt es sich um ein nur 3,7 Millimeter langes und 1,5 Millimeter breites Maschinenwesen. Äußerlich sieht dieses Konstrukt einem raupenähnlichen Wesen ähnlich. Seine Bestandteile sind Silikon und speziell ausgerichtete Eisenpartikel. In Verbindung mit einem Magnetfeld ermöglichen diese eine raupenhafte Bewegung. Langfristiges Ziel dieser Forschungsarbeit: »Für eine noch ferne Zukunft, wenn der Roboter noch kleiner geworden ist, denken die Wissenschaftlicher über viele weitere Einsatzgebiete nach. Durch andere Organe oder Blutgefäße könnte das Rechteck schwimmen und so sogar bis zum Herzen oder ins Gehirn gelangen. Man könnte ihm Sensoren aufsetzen, die Druck oder Temperatur messen, und auf diese Weise Diagnosen aus dem Körperinneren ermöglichen.«[140] Was ist demnach zu tun? Sollen wir uns der Illusion einer schönen, neuen Welt unterwerfen? Ich sage: Nein. Ich erwarte von den Menschen nicht mehr, als daß sie für ihre Menschlichkeit kämpfen und den künstlichen Wesen das Lebensrecht absprechen.

Selbstverständlich sind derartige Ideen für die Medizin bahnbrechend, aber der rastlose Zeitgeist der Wissenschaft muss hinter dem ethischen Gewissen des Menschen Platz nehmen. Gegenwärtig ist das ein frommer Wunsch und ich gehe davon aus, dass dies auch so bleiben wird. Maßgebend sind hierbei die industriepolitischen Bedürfnisse, um das Fundament für Wachstum und Wohlstand in Deutschland zu sichern. Entsprechend unterstützt die derzeitige Bundesregierung z.B. das automatisierte Fahren und legt damit den Grundstein zum autonomen (fahrerlosen) Fahren, bei dem der Fahrer zum Passagier wird. Wie so oft stärkt auch diese Entwicklung den Innovations- und Wirtschaftsstandort.

---

[140] Jan Schwenkenbecher: Krabbeln, klettern, schwimmen, Süddeutsche Zeitung, Nr. 20., 25. Januar 2018, Wissen, S.14.

10. Genetische Revolution am Menschen

Großbritannien schuf 2016 erstmals die gesetzliche Grundlage für den genetischen Eingriff in das menschliche Erbgut. Bislang durften Embryos nicht genetisch verändert (manipuliert) werden, d.h. standen bisher lediglich für Forschungszwecke zur Verfügung. So schreibt die Süddeutsche Zeitung am 02. Februar 2016 in ihrem Artikel »Erstmals Eingriffe ins menschliche Erbgut erlaubt«, daß bereits seit drei Jahren eine neue Methode das »Editieren« von Genen, die Manipulation des menschlichen Erbgutes, vereinfacht. Die Methode sei »billig, einfach und erlaubt hochpräzise Veränderungen der Erbsubstanz. Die Zahl möglicher Anwendungen ist gewaltig – und schließt die Korrektur oder Veränderungen von menschlichen Genen ein«.

Damit wir die Tragweite der Gentechnik beurteilen können, müssen wir selbstverständlich die Bedeutung der Genetik verstehen. Grundsätzlich verstehen wir unter Genetik, d.h. die Vererbungslehre, die Wissenschaft von den Grundlagen der Vererbung. Basis der biologischen und menschlichen Vererbung bilden die sogenannten Nukleinsäuren. Nukleinsäuren sind chemische Verbindungen von Phosphorsäure, Nukleinbasen und dem Zucker Ribose (Ribo-N., RNS, RNA) oder Desoxyribose (DNS, DNA). Vereinfacht gesprochen ist das menschliche Genom ein sequenzieller Binärcode an Informationen in Form einer Kette aus einfachen Bausteinen. »Diese Ketten werden wiederum zu dreidimensionalen Proteinen gefaltet, aus welchen alles Leben besteht, vom Menschen bis zum Einzeller«[141].

Folgen wir den Worten von Ray Kurzweil und verbleiben einwenig in seiner Vorlesung zum Thema »Der Computer des Lebens«[142]: »In den frühen Phasen der Evolution waren Informationen durch die Struktur zunehmend komplexer, kohlenstoffbasierter Moleküle kodiert. Nach Milliarden von Jahren erschuf sich die Evolution einen Computer, um digitale Daten in Form von DNS-Molekülen zu speichern und zu verarbeiten. J.D.Watson und F.H.C. Crick beschrieben 1953 erstmals das DNS-Molekül als Doppelhelix aus zwei gepaarten Polynukleotidsträngen, deren Nukleotidsequenzen Informationen kodieren. Anfang dieses Jahrhunderts haben wir die Sequenzierung der menschlichen DNS abgeschlossen. Nun beginnen wir die chemischen Kommunikations- und Kontrollmechanismen zu verstehen, durch welche die DNS die Reproduktion von Zellstrukturen und komplexen Molekülen, wie der »Boten-RNS« (auch »Messenger-RNS«: mRNS), der »Transfer-RNS« (tRNS) und den Ribosomen, steuert. Der Speichermechanismus ist dabei denkbar simpel. Das DNS-Molekül besteht in einem Zucker-Phosphat-Rückgrat mit mehreren Millionen »Sprossen«, die jeweils einen von vier Buchstaben tragen; diese Sprossen der Helix kodieren jeweils zwei Bits und bilden zusammen einen eindimensionalen Digitalcode. Das Codealphabet besteht in vier Basenpaaren: Adenin-Thymin, Thymin-Adenin, Cytosin-Guanin und Guanin-Cytosin. Die DNS-

---

[141] Ray, Kurzweil: „Menschheit 2.0.Die Singularität naht", 2., durchgesehene Auflage 2014, Lola Books GbR, Berlin 2013, S. 207.

[142] Ebenda, S.207.

Stränge einer Zelle sind insgesamt bis zu zwei Meter lang, werden jedoch in einem ausgefeilten Verfahren zusammengeknäult, sodaß sie in einer zehn Mikrometer großen Zelle Platz finden. Spezielle Enzyme kopieren die Informationen der DNS, indem sie die Basenpaare aufspalten und die beiden Stränge, Sprosse für Sprosse, um die komplementären Basen ergänzen – so entstehen zwei identische DNS-Doppelstränge. Weitere Enzyme überprüfen die Kopie, ob wirklich alle Basenpaare komplementär sind. Auf diese Weise macht das chemische Datenverarbeitungssystem lediglich bei einem von zehn Milliarden Basenpaaren einen Fehler. Die Daten selbst sind redundant angelegt und enthalten weitere Fehlerkorrekturmaßnahmen, weshalb es durch Replikationsfehler nur selten zu signifikanten Mutationen kommt. Die meisten Fehler sind vergleichbar mit einem falschen Vorzeichen und können auf anderen Ebenen des Systems erkannt und korrigiert werden, beispielsweise durch Abgleich der Chromosomen, wodurch nennenswerter Schaden verhindert wird. Im Y-Chromosom erkennt der genetische Apparat Fehler durch Abgleich von verschiedenen Kopien eines Gens innerhalb desselben Chromosoms. In sehr seltenen Fällen aber führt ein Replikationsfehler zu einer merklichen Verbesserung, welche dann von der Evolution bevorzugt wird. Bei der sogenannten Translation wird besagter digitaler Programmcode durch eine Reihe von Chemikalien in Proteine übersetzt – die dabei erzeugten Proteinketten bestimmen die Struktur, das Verhalten und die Intelligenz von Zellen. Zunächst werden die DNS-Knäuel durch Enzyme abschnittsweise aufgedröselt. Dann wird eine Kopie der freigelegten Basensequenz in Form eines mRNS-Strangs erstellt. Die mRNS wandert aus dem Zellkern in den Zellkörper; dort wird sie durch die Hauptakteure der biologischen Reproduktion, die Ribosomen, ausgelesen. Dabei läuft ein Teil des Ribosoms, ähnlich einer Plattenspielernadel, über die Basensequenz der mRNS. Je drei Buchstaben der Sequenz bilden dabei ein sogenanntes Kodon, und jedes Kodon steht für eine von zwanzig Aminosäuren (Proteinbausteine). Ein Ribosom liest also Kodon für Kodon die mRNS-Sequenz und erzeugt dann, mithilfe von tRNS, Aminosäure für Aminosläure die entsprechende Peptidkette. Der letzte entscheidende Schritt ist das Falten der eindimensionalen Peptidkette zu einem dreidimensionalen Protein [...].« Die Beherrschbarkeit bzw. Simulierbarkeit der Grundbausteine des Lebens führt uns zu Techniken wie z.B.: Die Schaffung von Designer-Babys, Anwendung im Bereich der Stammzellentherapie (»therapeutisches Klonen«), der Gentherapie, der Nahrungsmittelbehandlung und das Klonen von Menschen etc. Die Bedeutung liegt daher im Bekenntnis zur Biologie. Biologie, also die Naturwissenschaft des Lebendigen, macht den Menschen aus und sollte uns daran erinnern: »lebendig zu bleiben«. Modernste Technologien dienen keinem Selbstzweck, daher müssen wir die Tatsache berücksichtigen, daß die Präimplantationsdiagnostik (PID), Embryonenzüchtungen und Biotechnologie nicht der persönlichen und/oder kommerziellen Bedürfnisbefriedigung gestattet sind. Vielmehr sind dies Errungenschaften der Menschheit, die nur aufgrund medizinischer Lebensnotwendigkeit und unter staatlicher (ärztlicher) Aufsicht durchgeführt werden dürfen. Moralische und ethische Überzeugungen sind für die Bildung und den Erhalt eines Gemeinwesens wichtig und wünschenswert.

Aus diesem Grund gilt Gesagtes auch für die Themen der Massentierhaltung und Tierversuche. Der gesunde und natürliche Mensch soll das Idealbild sein in einer sich stetig ändernden Welt, daher soll der Mensch und das Tier (das Tier ist keine Sache - bedarf aber keiner Menschenrechte!) als Schöpfung Gottes sowie als Teil der gottgegebenen Natur angesehen werden: In der Einsicht, daß die Risiken einer Technologie dem Wohle des Menschen widersprechen, gilt es diese (eine) Technologie einzuschränken bzw. sich von dieser (einen) zu verabschieden. Aber auch in diesem Bereich der Wissenschaft sind die Neuerungen den gesetzlichen Bestimmungen und politischen Forderungen Lichtjahre voraus. Auf Berufung eines Artikels des Fachmagazins Cell 2018 ist es chinesischen Forschern erstmals gelungen, Javaneraffen zu klonen, die lebensfähig sind. Entsprechend betitelt die Zeit-Online seinen Artikel: »Affen geklont! Eine Sensation?« mit den Worten: »Der Mensch klont sich hoch. Erst Ratten, dann Schafe, jetzt haben chinesische Forscher Makaken geklont. [...]«[143] Auch hier hält sich die Kritik in Grenzen, denn so würde ein genauer Blick zeigen, dass dies weder das erste Mal ist, dass Affen geklont wurden, bzw. dies noch lange nicht bedeuten würde, dass uns in Bälde Meldungen von menschlichen Klonen erreichen werden...

---

[143] Simmank, Jakob: Affen geklont! Eine Sensation?, Zeit-Online, 24. Januar 2018, vgl auch. Liu et al: Cloning of Macaque Monkey by Somatic Cell Nuclear Transfer, 8. Februar 2018. http://www.cell.com/cell/fulltext/S0092-8674(18)30057-6 https://www.zeit.de/wissen/gesundheit/2018-01/affen-geklont-gentechnik-china-klonen-zukunft-stammzellen

11. Vortrag der unheilvollen Art?

Unspektakulär für die Öffentlichkeit wird die Bekanntgabe der Existenz außerirdischen Lebens sein. Ähnlich unspektakulär wie die Bekanntgabe jener extrasolarer Planeten, die erstmals 1995 Michel Mayor nachgewiesen hat. In den letzten 23 Jahren kamen mehr als 3700 extrasolare Planeten hinzu, davon 41 mit einem 2,5 Fachen der Erdmasse und einer großen Bahnhalbachse von bis zu 1AE.[144] Gewiss, reißerische Bücher vermitteln uns gerne das Gegenteil und entwickeln Worst-Case-Zenarien für den Erstkontakt[145]. Zwischen Wahn, Fiktion und Halbwahrheiten bewegen sich hier die Befürworter dieses Genre.

Allerdings, und daran gibt es keinen Zweifel, »wurde 2016 die Deutsche Astrobiologische Gesellschaft gegründet, die bereits eine mehrtägige Auftaktkonferenz am Deutschen Institut für Luft- und Raumfahrt in Berlin-Adlershof veranstaltete – mit einem beeindruckenden Potpourri an Forschungen von der Entstehung von Biomolekülen bis zur Exploration anderer Himmelskörper. Außerirdische Intelligenzen waren zwar nur ein Randthema, doch einige Mitglieder gehören zum Forschungsnetzwerke Extraterrestrische Intelligenz. Dieser interdisziplinäre Zusammenschluss besteht seit 2015 […]«[146]. Daß man an derartigen Fragen nun

---

[144] Dr. Leitner, Johannes: Auf der Suche nach Leben im All, in: Abenteuer Astronomie 13, Februar/März 2018, Wissen Hauptartikel, S. 19.

[145] Gerritzen, Daniel: Erstkontakt, Kosmos, 2016.

nicht mehr vorübergehen kann, ist unvermeidlich, was phantastisch und unglaublich scheinen könnte. Die bis dato veröffentlichten Daten sprechen aber nicht zu Gunsten der Befürworter für extraterrestrische Intelligenz und die Beweiskraft des vorgelegten Materials unterstreichen die übereilten und allzu ehrgeizigen Unternehmungen im Gebiet des »Lebens jenseits der Erde«. Im Zusammenhang mit »Leben jenseits der Erde« beschäftigen sich auch Menschen mit Ideen, die sich im Licht gewisser urzeitlicher, sagen wir, höchst spekulativer Ideen bewegen, um die die Schulwissenschaft einen Bogen macht: die Ideenwelt eines Erich von Däniken. Daß man an solchen Ideen zweifelt, ist verständlich, denn was phantastisch und unglaublich scheint, könnte eines Tages Wirklichkeit werden?

Ausgangspunkt meiner Geschichte bildet die Stadthalle Hofgeismar. Am frühen Winterabend des 31.01.2011 fand sich der berühmte Sachbuchautor Erich von Däniken in Hofgeismar, ca. 30km nördlich von Kassel, zu seinem Vortrag »Däniken Total« ein. Unvoreingenommen und mit Spannung erwartete ich diesen Abend, denn im Vorfeld hatte ich mich bereits mit seinen beiden Büchern »Götterdämmerung.Die Rückkehr der Außerirdischen« und »Brisante Archäologie.Geschichte ohne Dogma« befasst. Verwegene und obskure Thesen wurden hier beschrieben und ich erhoffte mir an diesem Winterabend einige Antworten. Forschend, schreibend und Ideen austauschend: so charakterisiert sich von Däniken selbst in seinen Büchern (»Brisante Archäologie«, S. 106). Für mich war es eine Premiere und mit Spannung

[146] Vaas, Rüdiger: Die neue Großfahndung, in: Bild der Wissenschaft 7-2017, S.32.

folgte ich seinem sprichwörtlichen Ruf. Nun, die These von Däniken besagt, daß sich Außerirdische auf der Erde befanden und der Menschheit »sichtbare Hinterlassenschaften« vermachten. Datieren lasse sich der Kontakt auf den Zeitraum um 14.000 v. Chr. (Jungpaläolithikum). Dieser Kontakt würde somit vor der großen (biblischen) Sinflut liegen. Erich von Däniken besprach folgende Themen: die Steinkreise von Stonehenge im Süden Englands und die europäischen »Sternenstraßen«, die Rätsel um die Monolithkammer bei der Unas-Pyramide von Sakkara und die Osiris-Krypta von Gizeh, die Schächte (Rätsel) der Cheops-Pyramide, das Basislager der Götter (Monsterblöcke von Puma-Punktu), dem Maya-Kalender, *das Buch Henoch*, Papagiannis Berechnungen (Kolonien im Weltraum) und die Theorie von Panspermia (DNA oder RNA-Stränge könnten das Weltall mit Informationen für den Beginn einer neuen Lebensära durchqueren). Beispielhaft seien die Präzisionsarbeiten der Monsterblöcke von Puma-Punktu und besagter Pyramiden, so Däniken. Ebenso seien die Entstehungszeiten einem früheren Zeitpunkt zuzuordnen. Schulwissen bzw. universitäres Wissen führen uns in diesem Zusammenhang auf den Holzweg, denn insbesondere die traditionelle Wissenschaft würde die »sichtbaren Hinterlassenschaften« z.B. der Mayas schablonenhaft und falsch interpretieren. Dadurch würde die tatsächliche Botschaft: »Rückkehr der Götter« verfälscht dargestellt. Seiner Meinung nach seien »die Götter« nichts anderes als »die Außerirdischen« höchst selbst. Wir kleben an veralteten Deutungen und die Wissenschaft hätte die Pflicht, die

se im Sinne einer »modernen Interpretation« neu zu gestalten.
Sei es wie es sei, wir sollten persönlich die Hinterlassenschaften überprüfen und uns gedanklich auf die »Rückkehr der Götter« einrichten.

Terra Nova?

Gewiss, Herr Erich von Däniken vermarktete seine Bücher »Götterdämmerung«, »Falsch informiert« und »Brisante Archäologie«. »Was sollte er uns denn anderes präsentieren?«, so ein Veranstaltungsteilnehmer. Vielleicht Antworten auf seine provozierenden Thesen oder wissenschaftliche (handfeste) Beweise?
Daher befolgte ich die Aufforderung von Däniken und betrachtete das Buch Henoch. In diesem Buch würde sich u.a. die Beweiskraft seiner These wiederfinden. Folgen wird also dem Lichte der griechischen, christlichen Schriftsteller der ersten drei Jahrhunderte des Buches Henoch (Band 5); herausgegeben von der kirchenväter-commission der königl. preußischen Akademie der Wissenschaften, Leipzig, J.C. Hinrichs´sche Buchhandlung 1901. Darin heißt es: »Das Buch Henoch, welches wir hier griechisch und in deutscher Übersetzung des äthiopischen Textes vorlegen, gehört streng genommen nicht in den Kreis der griechischen christlichen Schriftstellter, da es in vorchristlicher Zeit auf jüdischen Boden erwachsen ist, aber sein vorwiegend apokalyptischer Ideenkreis war von solchem Einfluss auf die gleichzeitige und unmittelbar folgende jüdische und neutestamentliche Literatur, und bei den älteren Kirchenvätern und Apologeten griechischer

wie lateinischer Zunge erfreute es sich eines solchen Ansehens, daß seine Aufnahme in diese Sammlung gerechtfertigt erscheint…«. Dieses Buch beschreibt anschaulich im Teil I. den Fall der Engel und Henochs Himmelsreisen (Cap. 6-36). Zweifellos spricht dieses Buch von »Wächtern des Himmels«, die den hohen und heiligen, ewigen Himmel verließen, um bei den Menschen zu verweilen. So heißt es in Capitel 6,2-7,1:
»Und es waren im ganzen zweihundert, und sie stiegen herab auf den Ardis, das ist der Gipfel des Berges Hermon, und sie nannten ihn Berg Hermon, weil sie auf ihm geschworen und einander durch Verwünschung verpflichtet hatten. …«.
Hierzu ist die »vergleichende Religionsgeschichtliche Untersuchung« über die Henochgestalt von H. Ludin Jansen aus dem Jahr 1939 zu nennen. Das, was vor allem für mich wichtig erscheint, ist, daß sämtliche Motive und auch des Hesekiel Schemas in der Gottesschilderung[147] auf babylonische Vorbilder[148] zurückgehen. In diesem Sinne fehlen handfeste Beweise für die Richtigkeit der Dänik´schen These.

---

[147] Der Prophet Hesekiel, vgl. Prophetische Bücher im Alten Testament, Kapitel 1,4: »Und ich sah, und siehe, es kam ein ungestümer Wind von Mitternacht her mit einer großen Wolke voll Feuer, das allenthalben umher glänzte; und mitten in dem Feuer war es lichthell. Und darin war es gestaltet wie vier Tiere, und dieselben waren anzusehen wie Menschen«.

[148] L. Dürr: Ezechiels Vision von der Erscheinung Gottes im Lichte der vorderorientalischen Altertumskunde, 1917, S.131; in: H. Ludin, Jansen: Die Henochgestalt.Eine vergleichende Religionsge schichtliche Untersuchung, Kommisjon Hos Jacob Dybwad, Oslo 1939.

Advocatus Diaboli

Die Ähnlichkeiten des Buches Henoch und der Hesekielvision sind nicht zufällig. In beiden Visionen wird der mandäische Prophet zum Himmel gerufen, wo er seine Berufung bekommt. Sicherlich brauchen wir keine »moderne Interpretation« des Himmels; d.h. in dieser Frage geht es nicht um irgendeinen gearteten Zeitgeist. Vielmehr muss sich die Wissenschaft jenen Phänomenen widmen, die wir gegenwärtig »Ufo-Sichtungen« und in der Vergangenheit »Engelserscheinungen« bzw. »apokalyptischen Gedankenkomplex« nannten. Damit gebe ich Herrn Däniken Recht. Unzweifelhaft – unter der Voraussetzung, daß wir die religiösen Überlieferungen nicht bildhaft oder als Mysterienstoff verstehen - existiert zwischen beiden Betrachtungen ein Zusammenhang. Wollen wir aber die Vorstellung vom Universum und damit die tatsächliche Stellung des Menschen bestimmen, müssen wir uns im 21. Jahrhundert vorliegender Thematik früher oder später stellen; denn die Kenntnis vom Aufbau des Kosmos (Astrologie und Astronomie) galten bereits zu Zeiten der Babylonier (3. Jt. v. Chr.) zum Wissen des »Weisen der Urzeit« (vgl. Gilgameschepos).

Nach eingehender Lektüre derartiger Ansichten gelange ich zum Urteil, dass es drei Vorstellungen über das »Wesen der Urzeit vor der Sinflut« gibt: A) Die Ansichten über die »Wächter des Himmels«, der »Engelserscheinungen«, die »Begegnungen der Dritten Art« waren bzw. sind zurückzuführen auf Besuche von Außerirdischen. B) Es gibt einen Weltenschöpfer, den wir Gott nennen, denn wahrhaftige Freiheit gibt es nur unter Jesus Christus unter dem Kreuz. C) Besagte Erscheinungen, Visionen, Mythen, Gottesvorstellungen sind Hirngespinste. Konkret, sie sind Vorstellungen des menschlichen Gehirns und bildhafte Überlieferungen unserer Ahnen; und damit schlussfolgernd: das göttliche Geschenk – die menschliche Seele und damit das Leben - stammt nicht von einer höheren Macht, sondern aus den Fähigkeiten (unserer Vorstellungskraft) des menschlichen Gehirns. Mit dieser Leistung vollendet der Mensch die letzte Entwicklungsstufe der Evolution. Die Predigten der Aufklärer über die Vernunft, über den Verstand, insbesondere die Lehren des islamischen Philosophen Ibn Ruschd (Averroismus) haben sich bewahrheitet. Müssen wir nicht zur Kenntnis nehmen, daß der Philosoph Titus Lucretius Carus (Lukrez[149]) bei seiner Betrachtung »Über die Natur der Dinge« bereits folgende Ansicht vertrat: »Um uns herum nach allen Seiten, nach oben und unten, nirgendwo findet sich irgendeine Grenze. [...] Wenn sich aber der Raum unbegrenzt dehnt in jede Richtung, wenn, des weiteren, durch diesen Raum und seine Leere Urelemente fliegen in zahlloser Zahl, in immerwährender Bewegung auf vielerlei Weise getrieben, dann ist unvorstellbar und nicht zu denken, allein dieser eine Erdkreis und sein Himmel seien entstanden, und nichts über unsere Welt hinaus hätten alle die anderen Keime entstehen lassen. Umso

[149] Titus Lucretius Carus (deutsch Lukrez; * vermutlich zwischen 99 und 94 v. Chr.; † vermutlich um 55 oder 53 v. Chr.) war ein römischer Dichter und Philosoph in der Tradition des Epikureismus. Sein wahrscheinlich unvollendetes Werk De rerum natura (Über die Natur der Dinge) ist eine der Hauptquellen zur Philosophie Epikurs, die ansonsten nur in Fragmenten überliefert ist, vgl. https://de.wikipedia.org/wiki/Lukrez

weniger, als unsere Erde von der Natur hervorgebracht ist: Aus Eigenem stießen die Elemente zusammen. Zufällig, auf vielerlei Weise zueinander getrieben, blindlings ohne Plan, immer wieder vergeblich, bis sich zusammentreffende Urelemente schließlich doch verbanden und derart zusammengeworfen den Anfang bildeten eines mächtigen Gewebes, von Erde und See und Himmel und der Familie lebender Wesen. Darum, ich sage es wieder und wieder, musst du zugeben, daß sich auch anderswo hier und da Materie verdichtet, verbunden hat, zu Welten wie der unseren, die, ohne etwas auszulassen, ein Äther umschlossen hält. [...]«[150] Ebenso erkannte bereits der Philosoph Epikur (geboren 342 v. Chr.), daß die Welten unbegrenzt an Zahl sind, »sowohl die der unsern ähnlichen wie die ihr unähnlichen; denn da die Atome, wie ich eben gezeigt habe, unendlich an Zahl sind, bewegen sie sich auch in die fernsten Welten. Die unendlich vielen Atome, aus denen eine Welt entstehen oder gebildet werden könnte, werden nämlich weder für eine einzige Welt noch für eine beschränkte Anzahl von Welt aufgebraucht, weder für solche, die der unsrigen ähnlich sind, noch für solche, die ihr unähnlich sind. Demnach steht nichts der Annahme einer unendlichen Anzahl von Welten im Wege. [...]«[151]. Giordano Bruno (geboren 1548, 1600 als Ketzer verbrannt) oder Virgil, Bischof von Salzburg

---

[150] Lukrez: Über die Natur der Dinge, Zweites Buch: Es gibt, außer unserer, unzählige weitere Welten, Vers 1090, Verlag Galiani Berlin, 1. Auflage 2014, S.100.

[151] Epikur Philosophie der Freude, Insel Verlag Berlin, 15. Auflage 2015, S. 15.

(*um 700 in Irland, + 27. November 784 in Salzburg) behaupteten, »es gäbe noch andere Welten neben der unseren«[152].
Was ist nun bedeutend an diesen Erkenntnissen? Nun, der Mensch wusste vor Christi Geburt über die Natur der Dinge und weit darüber hinaus. Dies ist weder unheilvoll noch erschreckend. Auch hat das nichts mit Außerirdischen und leibhaftigen Wächtern zu tun. Dazu gibt es keine handfesten Beweise. Allerdings sind es bedeutsame wissenschaftliche Erkenntnisse unserer Altvorderen. Auf diesen bauten wir uns unsere moderne Wissenschaft und zehren nach wie vor davon. Lediglich die Tatsache wäre erschreckend, wenn der Mensch nur die Summe seines Verstandes ist und nur das Endprodukt einer langen Entwicklungslinie (Evolution). Welche Stellung nehme er dann gegenüber dem fleischgewordenen Golem oder einem wilden Tier ein? Würden wir mit der Schaffung von künstlichen Wesen nicht über uns selbst triumphieren? Nun, mit einer jeden neuen Generation von Robotern, seelenlosen Maschinen und künstlichen Wesen versetzen wir den eingepflanzten Grenzstein des Lebens und beseitigen die Empfindsamkeit menschlicher Handlungen. So werden wir zu Schattenmaler unserer eigenen Existenz und imitieren dabei unseren göttlichen Bildhauer. Daher möchte ich an einen Weltenschöpfer glauben, den wir Gott nennen, denn wahrhaftige Freiheit gibt es nur unter Jesus Christus unter dem Kreuz.

---

152 Russel, Bertrand: Philosophie des Abendlandes, Anaconda, 2017, S.406.

V. Fin de Siécle

Jeder der sich mit Politik beschäftigt, muss sich die Frage nach dem Motiv stellen. Was zeichnet ihn aus und was ist sein letzter Prüfstein, um die Gedanken seiner politischen Arbeit zu rechtfertigen. Nach welchen Werten richtet er sich, um die Verbindung des Volkes mit dem Parlament in Einklang zu bringen; denn dies ist die Aufgabe der Politik. Dieses, aus einem tiefen Bewusstsein entstandenen historischen Motiv, ist der ungemeine Stolz auf die eigene Kultur und bekräftigt die besondere Bedeutung der Politik: Das Wort Kultur ist dem lateinischen Wort cultura entnommen. Es bezeichnet »[...] völlig und einzig das Prinzip, das nur durch die Griechen die Formung der äußeren und weit mehr noch der inneren Welt bestimmte. Cultura bedeutet zunächst Pflege, jene Pflege und Bestellung, die dem Acker zuteil wird; es ist die zielbewusste Tätigkeit an der nährenden Erde selbst, um sie zu formen und zu bilden, »auf daß sie Frucht bringe«. Nicht aber, daß diese Frucht als Gewinn der alleinige Endzweck wäre, nein – dieser liegt begründet in dem deutlich gefühlten Triebe, veredelnd zu gestalten um nur in diesem Gestalten Wert und Berechtigung des Menschen zu erkennen«[153]. Wenn wir unter Kultur die Pflege und Bestellung eines Ackers verstehen, auf das er Frucht bringe, dann sind Sprache, Kunst, Ästhetik, Philosophie und Religion seine Früchte. Sie sollten bildend, nährend und zum Wohlbefinden der Menschen beitragen. Aber das Gegenteil scheint heute

[153] von Scheffer, Thassilo: Die Kultur der Griechen, Phaidon-Verlag, Wien, 1935, S. 13.

der Fall zu sein, so daß eine umgekehrte Vorstellung von der Art und Verwendung dieser Früchte zu einem gefährlichen Bestande der Ordnung beitragen. Daher können wir heute von verdorbenen Früchten unserer Kulturschaffenden sprechen. Nicht mehr das Veredelnde und Gestaltende steht im Mittelpunkt. Vielmehr hat sie an Richtung und Zielvorgabe verloren. Dieses traurige Verhältnis zeigt sich in erster Linie an der Kunst der Gegenwart: »Die Kunst der Gegenwart ist frei wie nie, das ist der eine Befund. Sie ist allen Zwängen entschlüpft, aller Pflichten ledig, sie braucht keiner Farb- und keiner Formenlehre folgen, sie ist den Ideologen, den Dogmatikern entkommen. Sie lebt ganz aus sich heraus. Der andere Befund, ein Befund der Schwellenzeit: die Kunst ist frei und will es nicht länger sein. Sie hält fest an ihrem alten Ruf und Rang, doch zugleich sagt sie sich los von dem, was lange unverzichtbar schien, von den größten Errungenschaften der Moderne. Die Welt der Kunst verlässt jenes Wertesystem, das ihr Halt und Struktur verlieh. Sie glaubt nicht mehr an den autonomen Künstler. Sie gibt nicht mehr viel auf Eigensinn und Originalität. Den alten Genieglauben bedenkt sie allenfalls mit süffisantem Lächeln. Ausgedient hat die Vorstellung vom heroischen Schöpfer, einzig der Inspiration gehorchend. Und selbst der Glaube an eine fragende, widerspenstige Ästhetik will von Mitgliedern der Kunstwelt furchtbar gestrig vorkommen. […] Es wandelt sich die Idee der Kunst.«[154] Woher kommt diese traurige Aussaat?

---

[154] Rauterberg, Hanno: Die Kunst und das gute Leben.Über die Ethik der Ästhetik, edition suhrkampf, SV, 2. Auflage 2015, S.7f.

Ich sage: sie ist das Produkt einer weltoffenen und modernen Demokratie. Die Menschen dieser Staatsform müssen ständig den Alltag »hinterfragen«, d.h. Kritik üben und den tieferen Sinn des »Daseins« in Frage stellen. Dieses Verhalten liegt in der Übernahme protestantischer Denkmuster, denn bereits Luther selektierte und verwarf die Glaubens- und Sittenlehre der katholischen Kirche. Von daher wenden sich die Lehrer dieser Anarchie nicht mehr gegen das Christentum allein, sondern gegen jede Religion: auch gegen den Islam. Er ist heute zum Bestandteil des alltäglichen Lebens in Europa geworden und eine gefühlsmäßige Abneigung gegenüber dem Islam oder gar eine Furcht wäre absoluter Unsinn. Obwohl der Islam und das Christentum gemeinsame Wurzeln im Judentum haben, sind es völlig verschiedene Religionen. Das Christentum beginnt dort, wo es mit dem Judentum bricht. Der Islam setzt das Judentum in einer anderen Variation fort. Beide Religionen haben humanistische Aspekte, sind aber keine humanistischen Lehren. Das Christentum und der Islam akzeptieren sich gegenseitig, stehen sich jedoch kämpferisch gegenüber. Der soziale Friede erfordert aber eine angemessene Ordnung. Der gesunde Instinkt der europäischen Völker lehnte sich von jeher gegen alle materialistischen Reformen und Revolutionen auf. Die europäischen Völker hoffen im tiefsten Herzen auf eine wahrhaft sozialorganische Ordnung, die nicht allein der rechnenden Vernunft, sondern auch der sittlichen Gerechtigkeit und dem natürlichen Volksempfinden entspricht. Wir müssen lernen, daß eine Ablehnung der eigenen Identität, die Verneinung des eigenen kulturellen Erbes widernatürlich ist. In der freiheitlichen Weltanschauung (Liberalismus) liegt der Niedergang eines geordneten Gesellschaftslebens. Der Mensch wurde geschaffen, um das volle Maß seiner Verantwortung zu erkennen. Er hat es nicht nur zu erkennen, sondern muss diese auch auf sich nehmen. Um aber das zu können, muss er wieder das richtige Verhältnis zur Wahrheit der Dinge gewinnen, um nicht seiner eigenen (technologischen) Macht zu verfallen. Der Prüfstein des politischen Wollens muss darin liegen, daß nicht der Augenblick die Aufgaben der regierenden Gewalten bestimmt. Dieses Denken obliegt einer Erfüllungspolitik spezieller Art und verdeutlicht die unerträglichen Ideale freiheitlichen Wirkens. In der Erkenntnis, daß pluralistisches Gedankengut Stückwerk abliefert und dazu geeignet ist, eine Regierungsarbeit fortlaufend zu stören, müssen wir unser politisches System kritisch hinterfragen. Wir müssen erkennen, daß die Ausdrucksformen des Liberalismus dem guten Geschmack widersprechen. Ist es denn verwunderlich, daß in unseren Städten das kriminelle Milieu seine Heimat gefunden hat? Fordert uns die Geschichte nicht förmlich heraus für ein neues Verfassungsprinzip zu stimmen, statt für eine Politik des Scheins? Müssen wir nicht das gesamte morsche und verrostete Arsenal bürgerlichen Denkens über Bord werfen? Müssen wir nicht die erforderlichen Staatsaufgaben durchführen, um unsere Sphäre des Gemeinschaftslebens zu erhalten? Werden diese Fragen bejaht, dann muss politisch gehandelt werden. Naturgemäß ist durch die Erfassung von programmatischen Inhalten das Ziel noch nicht erreicht. Durch diese Regelung wird aber Zwist und Hader vermieden und der Einzelne kann sich geistig mit der Masse identifizieren. Der Bürger (der Einzelne) muss in seiner Gruppenzugehörigkeit erreicht und in seinen Motiven Unterstützung finden. Da der Mensch von Natur aus ein Gemeinschaftswesen ist, empfindet er sich auch dann als Mitglied einer Partei, wenn er allein zuhause im stillen Kämmerlein sitzt, d.h. der Einfluss durch die Gruppe prägt dessen Verhaltensmuster und ist sogar dann noch aktiv. Eine Partei wird nicht wegen ihres spezifischen Werts oder wegen ihres Nutzens begehrt, sondern weil sie als Symbol für etwas anderes steht; für eine Sehnsucht, die der Wähler sich aus Scham nicht eingesteht. Menschen sind oft von Beweggründen getrieben, die sie vor sich selbst verbergen. Dieses grundlegende Prinzip gilt sowohl für die Psychologie der Massen als auch für die Einzelnen. Eine Partei muss daher die wahren Motive erkennen und darf sich nicht damit zufrieden geben, was die Menschen selbst als Beweggründe angeben. Demzufolge müssen wir den Reiz liefern, der die gewünschte Reaktion beim Einzelnen auslöst. Es geht hier um Inhalte und nicht um populistischen Aktionismus. Ich folge daher den Worten John Stuart Mills: »Der Wert eines Staates ist auf lange Sicht der Wert der Individuen, die ihn bilden«.

12. Politische Maxime

Nationale Politik bildet das Gegenstück zum Ausdruck sogenannter Volksrechte und demokratischer Ideale. Ohne Zweifel besitzt ein Volk nur ein Recht: gut regiert zu werden. Hierbei gilt uneingeschränkt die Weisheit aufgeklärter Absolutisten - »Nichts durch das Volk, sondern alles für das Volk«. Dieser Gedanke ist nicht boshafter Natur. Vielmehr muss in uns die Überzeugung reifen, daß die Masse – also das Volk – ohne Erfahrung und Überblick ist und sich nicht selbst regieren kann. Fälschlicherweise entwickelte sich daraus das Prinzip der Repräsentation, in der einzelne Personen für die Erledigung der Regierungsgeschäfte gewählt wurden. Dies ist das Geheimnis der Repräsentation und mit ihr wurde die parlamentarische Sünde geboren. Bekanntlich wissen wir, daß die Neigung zur Sünde nicht Sünde ist. Vielmehr liegt die Sünde im »wollen«, also im bewussten und willentlichen sündigen. In diesem Kontext nenne ich dies die »parteipolitische Lüge«.

Die Wahlen zum Parlament veranlassen alle Parteien zur parteiischen Lüge, um möglichst viele »Parteimitglieder« der »eigenen« Partei durchzubringen. Dabei wird, wie in allen Parteidemokratien, die hemmungsloseste Wahlreklame entfaltet. Betrachten wir die Werbebotschaften dieser Parteien, dann sehen wir die effektvollsten, modernsten und reißerischen Bezeichnungen ihrer Botschaften und »Programmpunkte«. Im Grunde sind diese »Parteiprogramme« nichts anderes als Lügen oder Erfindungen, um das Publikum für sich zu gewinnen – ohne sich auch nur im geringsten einem Zwang auszusetzen. Gezielt werden die Menschen mit ihrer politischen Reklame verwirrt und betrogen. In der Grundüberzeugung, daß der Anstoß und die Erregung durch die Untugend die Tugend stärken, erringt der Mensch innerliche Stärke. Ich folge daher ausdrücklich der Staatslehre von Oswald Spengler. In diesem Sinne gilt es nicht ein neues Reich einzufordern, sondern die Sinngebung dem Sinnlosen vorzuziehen. Folgen wir also den Ansichten des Herrn Spengler aus dem Jahre 1924 und machen uns bewusst, daß vorliegender Inhalt nicht an Aktualität eingebüsst hat; denn die Forderung nach einer neuen Verfassung wird immer wieder erhoben: nämlich einer Verfassung mit einer außerordentlichen Stärkung der Regierungsgewalt und hoher Verantwortlichkeit, die nicht wie heute in Gestalt eines Arbeitsparlamentes tagt. Das Schicksal des Volkes hängt eben nicht von Theorien oder Beschlüssen ab, sondern von Persönlichkeiten, die das tun und tun können, was getan werden muss. Aus diesem Grund muss an der Spitze des Staates ein Präsident stehen, der durch das Volk direkt gewählt wurde. Nicht Absichten sondern Ergebnisse sollten der Kritik unterliegen. Die fortlaufende Zensur wird heute schon durch die Presse gesichert. Der Kanzler hat die Vollmacht, für sich ein Ministerium nach eigener Wahl zu bilden, mit völliger Freiheit in der Zahl, Zusammensetzung und Organisation der großen Ämter und des gesamten Regierungsapparates. Ebenso sollte diese Vollmacht in Personal- und Organisationsfragen von ihm auf die sehr selbständig arbeitenden Leiter der führenden Ämter von Fall zu Fall übertragen werden. Die Minister sind allein ihm und er allein für die Minister verantwortlich. Der Kanzler sollte ferner nach freiem

Ermessen einen Staatsrat berufen, in dem das Beste an Begabung und Erfahrung auf allen einzelnen Gebieten der Politik und Wirtschaft versammelt ist. Dieser private Rat beschließt nicht, sondern bespricht und schlägt vor; er könnte zuweilen in Abteilungen für die einzelnen Aufgaben tagen, in öffentlichen oder vertraulichen Sitzungen. Dieser private Rat ist die hohe Schule für junge Talente, die hier einen praktischen Einblick in die Probleme und Methoden erhalten und durch besondere Aufträge geprüft und erzogen werden. Die Berufung beruht durchaus auf persönlichem Vertrauen und kann dauernd, für besondere Gebiete oder einzelne Fälle erfolgen. Neben diesem geheimen und privaten Rat, der mit »Verfassung« im üblichen Sinne nichts zu tun hat, steht als Ausdruck der Volksmeinung ein aus allgemeinen Wahlen hervorgegangener Bundestag, der als Aufsichtsrat die Vollmacht erteilt, den Rechenschaftsbericht entgegennimmt, Kritik übt, den Haushalt und die Gesetze in namentlicher Abstimmung anerkennt oder verwirft - und die Verantwortung dafür in einer feierlichen Erklärung dem Volk gegenüber auf sich nimmt. Denn für die Folgen sollte in Zukunft ein Bundestag, dem durch Neuwahlen gebildeten neuen haftbar sein, Mann für Mann. In den Wahlen kommt auch die Kritik eines Volkes an seinem Beauftragten zum Ausdruck. Es ist unlogisch und widerspricht dem Begriff der Volksvertretung, daß zwar die Regierung dieser, aber nicht dem Volke für die Folgen ihres Verhaltens verantwortlich sein soll. Aber da alle heutigen Verfassungen von den Parlamenten selbst gemacht worden sind, so haben diese jede Haftung von sich abgeschoben. Die Regierung muss jederzeit das Recht haben, durch Wahlen das Volk (Volksbefragungen) um

Urteil über seine Vertreter aufzufordern. Die Tagung soll nicht verlängert werden dürfen, abgesehen davon, daß der Kanzler besondere Tagungen mit begrenzten Aufgaben berufen kann. Die Sitzungen sind als Ausdruck der Volkshoheit mit Würde und Feierlichkeit zu umgeben. Haltung, Kleidung und Ausdrucksweise sind nicht Nebensache. Eine Versammlung, die sich äußerlich gehen lässt, wird innerlich würdelos. Die Kopfzahl der heutigen Parlamente ist viel zu groß. Aus diesem Grund gilt es für einen kleineren Bundestag zu plädieren. Allerdings wird auch dann nur die Hälfte Ja und Nein sagen. Aber es sollte zur guten Sitte werden, Sachverständige mit dieser Aufgabe zu beauftragen, also von dem einzelnen Abgeordneten eine Art Befähigungsnachweis zu verlangen, und nicht die Schreier, Trommler und Pfeifer der Organisationen. Endlich haben sich die Abgeordneten zu Beginn eidlich zu verpflichten, ihre Stellung als Vertreter des Volkes zu keinerlei geschäftlichem Vorteil zu benützen, und am letzten Tage einen feierlichen und öffentlichen Rechenschaftseid abzulegen, daß sie aus ihrer Stellung keinen persönlichen Vorteil gezogen haben. Wer diesen Eid nicht leisten kann, ist nicht mehr wählbar. Soweit Oswald Spengler aus den 30er Jahren des letzten Jahrhunderts.[155]

---

[155] Spengler, Oswald: Neubau des Deutschen Reiches, C.H. Beck-sche Verlagsbuchhandlung, München 1924, 24ff.

13. Vorstellungs- und Wertungswelt

Was für den einzelnen Menschen gilt, das gilt ebenso für den Staat: Dieser ist nicht zu seinem eigenen Zweck und Ziel geschaffen. Ein Staat, der nur den Wohlstand zu mehren gedenkt, dem es einseitig nur um das irdische Wohl des Menschen geht, ein solcher Staat hat seinen Sinn verfehlt. Daher müssen wir uns für eine Seite bekennen. Das gleichberechtigte Nebeneinander von zahlreichen Meinungen kann uns nicht dienlich sein und führt uns vielmehr zur moralischen Gleichgültigkeit. Deshalb müssen *die Rechte der Frau und Mutter, der Familie und der Eltern als Erzieher* gewürdigt werden. Daraus folgt der *Schutz der Jugend vor gesundheitlicher und sittlicher Gefährdung*. Außerdem muss *die Wiederherstellung und Erhaltung der Umwelt sowie der bäuerlichen Landwirtschaft das Ziel sein.* Hierfür erfordert es eine Ordnung, die ein *härteres Durchgreifen gegen Verbrechen und Korruption* ermöglicht. Damit Gesagtes nicht der Willkür einherfällt, müssen wir uns auf die bisherige Einstellung der Parteien gegenüber ihren Parteigrundsätzen beziehen. Betrachtet man die vorhandenen Parteiprogramme oder auch Grundsatzprogramme, so enthalten diese zwar langfristig gesammelte Forderungen, Ziele, Werte, Identitäten und Profile einer Partei, aber sie sind als solche abstrakt gehalten. Durch die Einsetzung von Grundsatzkommissionen und durch plebiszitäre Entscheidungen werden die Ideale zerfasert und aufgelöst. Parteiideale sind damit verhandelbar und nicht als grundlegend anzusehen. Dieser Umstand führt nicht nur zur Konturlosigkeit und Beliebigkeit der Parteiinhalte, sondern die Parteien tragen diese auch in Form einer »Diktatur des Relativismus« in die Gesellschaft hinein. Wandel ist der Widerspruch zu Beständigkeit und bedeutet nichts weniger als Beliebigkeit, die wohin führt: zu einer Tyrannis. Damit die Dinge ihren geordneten Verlauf nehmen, wird das Parlament nicht abgelehnt. Diese Forderung wäre völlig abwegig, denn das Parlament hat unzweifelhaft den Vorteil, daß die Beziehung zwischen dem Volk und seiner rechtmäßigen Regierung nicht abreißt. In diesem Sinne dient das Parlament unzweifelhaft zur Herstellung von Öffentlichkeit, die für jeden zugänglich ist, durch: Petitionsrecht, Direktwahl des Bundespräsidenten und direkte Verhältniswahl des Parlaments und kommunaler Parlamente durch wahlberechtigte Bürger über 18 Jahre. Das ist die natürliche Vernunft, ohne Differenzen zwischen dem einen oder dem anderen aufkommen zu lassen. Wenn wir nun von »dem anderen« sprechen, dann sprechen wir von Autorität durch einen starken Präsidenten (präsidentiell-parlamentarischen System).

Die Aufgabe des Staates muss die Sorge für das Wohl der Bürger und die Garantie der Privatsphäre sein. Gegen allzu stürmisches politisches Wollen muss der Staat immer präventiv, eventuell aber auch repressiv vorgehen. Mit Recht verweist der spanische Geschichtsphilosoph Donoso Juan Cortés (1809-1853) auf das leere System und spricht den Gedanken aus, den wir fraglos an unsere Parlamente richten können: »Was sind [...] diese Regierungen mit ihren legitimen Mehrheiten, immer besiegt von den stürmischen Minderheiten, mit ihren verantwortlichen Ministern, die nichts verantworten[...]«. Die Legitimität (die Rechtmäßigkeit einer Regierung/Herrschaftshauses) wird zur Legalität (Gesetzlichkeit) reduziert und verkommt zur Akklamationsveranstaltung. Folglich gilt der Lehrsatz: Recht wird ein Gesetz unter einer regelnden und ordnenden Herrschaft (Römer 13,1). Recht ist demnach immer der Ausdruck einer gewählten Akzeptanz verallgemeinernder Rechte (Gesetze). Recht ist, was nach der Verfassung beschlossenes Gesetz ist. Die Rechtsprechung des Staates hat dem Schutz und der Sicherheit des Einzelnen und des ganzen Volkes zu dienen. Der Gesetzgeber ist dem Wohl jedes einzelnen Bürgers verpflichtet (lokale Sicherheit). Gesetze dürfen weder zu unsittlichen Handlungen verführen, noch diese fördern. Die Aufgabe des Staates muss die Sorge für das *Wohl der Bürger und die Garantie individueller Freiheitsrechte (zivile und persönliche Freiheiten)* sein, soweit sie mit den gesetzlichen Bestimmungen und der öffentlichen *(sittlichen)* Ordnung in Einklang zu bringen sind. Garant hierfür ist eine wehrfähige Gesellschaft (»stehendes Heer«). Die Erhaltung und/oder Wiedereinführung der Wehrpflicht (12 Monate Wehrpflicht) ist zwingend erforderlich. Dies gilt insoweit auch für die Bereitstellung eines adäquaten Wehrersatzdienstes (Zivildienst, Sozialdienst mit einer Dienstzeit von ebenfalls 12 Monaten). Allerdings darf es einen vielfach tätigen oder gar allpräsenten Staat nicht geben. Daher sprechen wir uns für den Anspruch an *Privateigentum* und der *Privatsphäre* (in Abgrenzung zum öffentlichen Raum) aus.

Die anziehenden, wohlmeinenden und geistreichen Worte jener Denker, die im Liberalismus die Hoffnung des Individuums sahen, müssen sich bestärkt fühlen. Leidenschaftlich wurde für die

Autonomie des Individuums gekämpft und das Postulat der individuellen Freiheit weltweit ausgeweitet. Das Gesellschaftsbild der Aufklärung lehrte uns ein aufgeklärtes und freies Individuum. Die Enzyklopädisten erklärten mit Elan wofür sie arbeiten: »Damit unsere Enkel nicht nur gebildeter, sondern zugleich tugendhafter und glücklicher werden, und damit wir nicht sterben, ohne uns um die Menschheit verdient gemacht zu haben«[156]. In diesem Sinne wurde der Mensch frei und die Staatsverfassung zum Träger freier Individuen ohne Glauben. So erlangten die Menschen politische Mitsprache am politischen Leben und das Wahlrecht dehnte sich aus. Letztendlich gingen die Forderungen der Aufklärung in der Dynamik der weltweiten Demokratisierung weit über das eigentliche Ziel hinaus.

Heutzutage müssen wir sagen, daß es nicht unbequem ist, wenn sich der aufgeklärte Pädagoge gegen eine übertriebne Strenge wendet, die gerade in der Erziehung zu einer tiefen seelischen Krise führen kann. Ebenso ist auch der Mensch frei geboren, so daß nichts gegen die Theorie des Liberalismus sprechen würde.

Warum hegen wir eine Ablehnung gegen den Liberalismus? Was kann am Zustand der geforderten Freiheit falsch sein, wenn sie im Augenblick eingeschränkt wird, indem sie anderen schadet? Ist dies nicht der allgemeine Tenor unserer Gesellschaftsordnung? Hierin liegt der Irrtum. Die geforderte Freiheit schadet nicht anderen, sondern uns selbst. Aber: Indem wir uns selbst

---

[156] Klußmann, Uwe: Kriegsherr im Reich der Ideen, in: Saltzwedel Johannes (HG.): Die Aufklärung.Das Drama der Vernunft vom 18. Jahrhundert bis heute, Deutsche Verlags-Anstalt, 1. Auflage August 2017, S.95.

schaden, schaden wir auch zwangsläufig unseren Mitmenschen. Warum? Es ist nun einmal so, daß in der Grundüberzeugung des Liberalismus alle Konventionen (absolute Freiheit) aufgelöst werden. Sie werden aufgelöst, weil der aufgeklärte Mensch in ihnen ein Korsett der individuellen Unterdrückung wahrnimmt. Hierin liegt auch das Grundproblem der liberalen Freiheit: die widerspruchslose Aufgabe gesellschaftlicher Konventionen. Es muss in uns die Erkenntnis wachsen, daß das Extrem der Freiheit uns zur Unfreiheit verführt. In einer politischen Gemeinschaft, in dem der egoistische Wille im Vordergrund steht, löst sich die Einzelvernunft aus der Bindung der Autorität. In der Überzeugung, daß der Egoismus und die Autoritätsloslösung zum Vorteil aller gereichen, wird von jedem Individuum der Anspruch nach Selbständigkeit und Gedankenfreiheit erzwungen. Die liberale Demokratie ist nichts anderes als eine Gleichschaltung aller zum Wohle der absoluten Freiheit. Freiheit wird somit zu einem absoluten Gegenstand. Dieser Gegenstand verselbständigt sich im Wesen des Menschen und erzwingt die Auslebung der bis dato kontrollierten Naturtriebe des Menschen. Die Naturtriebe des Menschen verselbständigen sich und die Gesellschaften geraten in Anarchie und Chaos. Im falschen Bewusstsein, die sozialen Regeln des Miteinanders – also die Konventionen einer Gesellschaft – als zwanghaftes Erziehungsmuster zu verstehen, führt deren Beseitigung genau zum Gegenteil. Warum? Weil neue Verhaltensmuster und neue Regeln geschaffen werden, die die natürliche Entfaltung des Menschen lenken. Mit Recht sprechen wir hier von einer »aufgesetzten und unnatürlichen Sanktionierung«. Dies geschieht unterschwellig und manipulierend, widerspricht also dem Gedanken einer freien Meinungsäußerung. Die freie Meinungsäußerung ist relativ und in ihrer praktischen Bedeutung der politischen Willkür unterworfen. Damit erschöpft sich die Freiheit der Meinungsäußerung und erweist sich als impotent. In diesem Sinne führt die Sanktionierung der Freiheit zu einem Paradoxon der modernen Demokratie. Die Demokratie ist eine widersinnige Behauptung zur Generierung von Freiheit für das Individuum. Die Generierung von absoluter Freiheit einerseits und die einschließende Bejahung von Freiheitseinschränkungen andererseits führen zur Willkür der tatsächlichen Freiheit. Die *Willkür der Freiheit* ist demnach nichts anderes als die Hinführung zur Tyrannis. Die Forderung nach absoluter Freiheit verführt das Individuum zur prahlerischen Überzeugung einer ungezwungenen Auslebung seiner naturgegebenen Triebe. Bereits der römische Staatsmann Marcus Tullius Cicero urteilte über die absolute Freiheit, daß einem zu freien Volk die Freiheit selbst Sklaverei bringt[157]. Scharf müssen wir unterscheiden zwischen der Forderung nach einer *ehrlichen und gewissenstreuen Überzeugung* gegenüber einer *falschen und erzwungenen bzw. willkürlichen* Freiheit.

Wie können wir demnach eine ehrliche und gewissenstreue Freiheit definieren. Was verstehen wir darunter?

Der Versuch, den Freiheitsbegriff definieren zu wollen, scheitert bereits im Ansatz. Er kann nur scheitern, weil die Freiheit nur begrifflich gedacht werden kann und damit ist sie abstrakt. Der Freiheitsbegriff bezeichnet wie, z.B. die Liebe, etwas Nichtge-

[157] Holland, Tom: Rubikon.Triumph und Tragödie der Römischen Republik, Klett-Cotta, Stuttgart, 2015, S.411.

genständliches und existiert nur in der Vorstellungswelt des Individuums. Der Enthusiasmus und die Schönheit gedachter Freiheit führen uns auf einen Irrweg, denn der Mensch ist eingebettet im Wirken jener höheren Macht (Gott, Schicksal usw.), die wir in der Natur wahrnehmen. Durch den Versuch, diesen ruhenden Pol aufzubrechen, also freiheitlich zu denken und zu gestalten, laufen wir Gefahr, Unruhe und Schrecken in unseren Handlungsweisen (Denken) einfließen zu lassen. So kann uns die Freiheit nur zur Unfreiheit führen, weil der Mensch nicht aus Notwendigkeit lebt und handelt. Seit dem Zweiten Vatikanischen Konzil schreitet die Protestantisierung der Katholischen Kirche voran. Nichtweniger ist die Katholische Kirche bereits im protestantischen Sprachgebrauch bewandert und daher dachte ich, daß mich nichts mehr schockieren könne. Ich musste feststellen, daß die Überraschung in einer frühsonntäglichen Messe zu Worms, »gelang«. Gewiss, die kleine Musikgruppe sowie dessen Gesangseinlage ist »Geschmackssache«. Vielmehr war ich enttäuscht über die Ideen des anwesenden Pfarrers, der die anwesenden Kinder der Gemeinde aufforderte: »Jesus zuzuwinken und die Hochzeit zu Kana in Galiläa zu feiern«. Durch die heranströmenden Kinder an den »Volksaltar« wurden bisweilen die Messdiener behindert. Die darauf folgende Lesung des Evangeliums war nicht weniger profan und unwürdig. Daraufhin verließ ich diese weltliche Veranstaltung, mit der Meinung, daß hier der »protestantische Kindergottesdienst« mit der »Sonntagsmesse« vermischt wurde. Unaufhörlich wird davon gesprochen, daß wir Katholiken nicht ewig gegen die modernen Ideen der Zeit sein dürfen, denn man möchte nicht rückschrittlich oder reaktionär erscheinen. Die Verantwortlichen der katholischen Kirche wollen keinen Antagonismus zwischen der Kirche und dem laizistischen liberalen Geist ohne Gott. Vielmehr möchte man Protestanten und Katholiken miteinander versöhnen – d.h. die Revolution mit der Kirche (z.B: »Gebetswoche für die Einheit der Kirche« 01/2016 in Worms). Unterliegen nicht die liberalen Katholiken und protestantischen Fürsprecher der Katholischen Kirche dem Fehler, wenn sie den Versuch unternehmen, niemanden zu verprellen und den Zugang zum Glauben möglichst leicht zu machen? Warum haben sich die kirchlichen Vertreter daran gewöhnt »liberal zu denken« und sich von der Tradition abgewandt, d.h. protestantisch zu werden und nicht katholisch zu bleiben? Warum lässt die Katholische Kirche es zu, daß fortlaufend »schmutzige Geschichten«[158] über sie erzählt und berichtet wird? Liberales Denken vertritt die Ansicht, daß es keine Forderung geben darf, gewachsene (kulturelle) Strukturen zu erhalten. Dogmatisches Festhalten, die Forderung nach Erhalt gewachsener kultureller und religiöser Strukturen widersprechen liberalem Denken. Traditionalistisches und nationales Denken würden sich ebenso verbieten. Nur eine völlig demokratisierte und säkularisierte Welt sei das Beste für die Menschheit. Der Verlauf der Geschichte mag wohl zeigen, daß solch radikales Denken obsiegte; denn unzweifelhaft wurde der Mensch »frei«, indem er seinen GOTT »tötete«. Diese Tat war schicksalweisend für den aufgeklärten Menschen. Im Bewusstsein, daß GOTT tot ist, kann es keinen gemeinsamen Nenner gegenüber religiösen Zivilisationen geben. In diesem Sinne ist die

[158] vgl. Glas, Andreas: Hölle auf Erden, Süddeutsche Zeitung, Nr. 13, 18.01.2016.

liberale Forderung nach religiöser Toleranz und Vielfalt heuchlerisch. Sie war und ist heuchlerisch, weil es den Aufklärern spätestens um 1750 eigentlich nur um die Rolle der Kirche ging. »Als Basis der Moral sei Gott unnötig, und amtsstolzes »Pfaffentum« verrichte nur »Afterdienst«, so Immanuel Kant 1793 in seiner Abhandlung über »Die Religion innerhalb der Grenzen der bloßen Vernunft«.[159]

Zusammenfassend zitiere ich Georg May[160] und fordere Sie auf zum Umdenken: »Die wesentlichen Grundzüge der Aufklärung, soweit sie Glauben und Theologie betreffen, sind die folgenden. Die Aufklärer wollten angeblich die Vernunft in die ihr gebührende Stellung im Leben des Einzelnen wie der Völker einsetzen. Davon versprach man sich ein Zeitalter des Friedens und der Freiheit. Unter der Vernunft begriff man den Verstand im Umfeld der jeweiligen Entwicklungsstufe. Wahrheit ist den Aufklärern lediglich die (geschichtslose) Vernunftswahrheit. Alles Geschichtliche ist zufällig und besitzt keine Verbindlichkeit. Damit wurde die Offenbarung des Alten wie des Neuen Bundes ins Mark getroffen. Die Aufklärung setzt in der Religion zum Angriff auf Bekenntnis und Dogma an. Die Vernunft wird zum Maßstab der Offenbarung, die »gesunde Vernunft« und die »Erfahrung« werden zu Kriterien für die Glaubensgegenstände. Die Aufklärung ist der Protest gegen das Übernatürliche. An dessen Stelle

---

[159] Saltzwedel, Johannes: Gott als Uhrmacher, in: Saltzwedel Johannes (HG.): »Die Aufklärung.Das Drama der Vernunft vom 18. Jahrhundert bis heute«, Deutsche Verlags-Anstalt, 1. Auflage August 2017, S.39.

[160] May, Georg: »300 Jahre Gläubig&Ungläubige Theologie«, 1. Auflage, Sarto Verlagsbuchhandlung GmbH Stuttgart 2017, S.26f.

tritt das Natürliche in Recht, Religion und Moral. Die Moral löst sich von der Religion. Die Aufklärung traf den Protestantismus mit voller Wucht. Sie zerstörte seine Dogmatik. Die Dogmen von der Dreieinigkeit, dem Gottmenschen, der Erbsünde und der Versöhnung fallen dahin. Die Aufklärer sahen in Jesus einen vorbildlichen Menschen und einen Lehrer religiöser und sittlicher Wahrheiten, die von der Vernunft aufgestellt oder eingesehen werden und die auch ohne ihn gefunden werden können. Die Überzeugung von der historischen Relativität der kirchlichen Bekenntnisse und von der notwendigen Revision kirchlicher Lehren beginnt sich auszubreiten. Die Verpflichtung auf ein Bekenntnis wird in Frage gestellt. Zunächst wendet man sich gegen das Verständnis der Bekenntnisschriften als Lehrgesetze, dann schreitet man fort zur Kritik an den darin enthaltenen Lehren. Bisher als selbstverständlich festgehaltene Gegenstände des christlichen Glaubens werden aufgegeben oder umgedeutet. Der Rationalismus erklärt die Vorgänge und die Wahrheiten der Offenbarung Gottes, die in den Schriften des Alten und des Neuen Testamentes beschrieben werden, als rein natürlich, als Mythen oder Legenden. Die Bibel wird ihres übernatürlichen Charakters entkleidet, die Geschichtlichkeit von Personen und Ereignissen verworfen. Schon damals taucht die Behauptung auf, Moses habe nie existiert, die Wunder Jesu werden geleugnet, der Glaube an die leibhafte Auferstehung Jesu wird erschüttert. Die Stiftung der Kirche durch Jesus wird entweder geleugnet oder bagatellisiert. Wer an den Dogmen festhielt, wird als Hinterwäldler verspottet. Dabei verstanden sich die Aufklärer als legitime Erben Luthers. Von ihm bezogen sie ihren Antikatholizismus. Ihre Hauptgegner waren die katholische Kirche, das Papsttum und die römische Kurie. Die Entwicklung vieler Aufklärer zu Vertretern des Naturalismus und des Humanismus war nur folgerichtig. Einzelne protestantische Theologen haben das Trümmerfeld, das die Aufklärung im deutschen Protestantismus anrichtete, offen beschrieben. Werner Elert erklärte: In der Aufklärung erlebte der deutsche Protestantismus »die größte, fast katastrophale Verweltlichung«, hier wurde »das reformatorische Christentum an den des Untergangs geführt«. Reinhold Seeberg räumte ein: »Eines ist klar, der Kirche und dem kirchlichen Leben hat die Aufklärung schweren Schaden zugefügt««.

Fest im Glauben bleiben

Heute müssen wir feststellen, daß die katholische Kirche nicht mehr lehrhaft, sondern seelsorgerisch auftritt. So predigt die Kirche u.a., daß das Jüngste Gericht, Himmel und Hölle und ewiges Leben bildhaft zu verstehen sind. Bildhafte Darstellung der Bibel und damit Verfälschung des Wesens der lebendigen Tradition.

Der Zustand des demokratisch-friedvollen Auftretens betrifft auch unsere politischen Parteien. Müssen nicht Religionen und politische Parteien absolute Wahrheiten für sich in Anspruch nehmen können? Warum lehrte uns die traditionelle Katholische Kirche, daß wir nicht den Lehren der Reformation folgen dürfen? Unterliegen nicht die Modernisten innerhalb der katholischen Kirche einem Fehler, wenn sie den Versuch unternehmen, niemanden zu verprellen und den Zugang zum Glauben möglichst leicht zu machen? Ist diesen Kräften nicht bewusst, daß sie damit entweihen und zentrale kath. Glaubensinhalte auflösen und zerstören? Aus diesem Grund müssen wir uns in der Verteidigung des katholischen Glaubens stärken, damit die Pforten der Hölle uns nicht überwältigen (Mt 16,18).

Es ist nicht verwunderlich, daß die »Süddeutsche Zeitung«[161] anlässlich der Bischofssynode 2014 in Rom wohlwollend über die Aufbrechung der katholischen »Starre« gegenüber den Themen Ehe und Familie berichtete. Mit Begeisterung wird von den Wortmeldungen und der »unerhört freien Debatte« gesprochen, die sich gezielt mit diesem Thema auseinandersetzen. Selbstverständlich wird über die Berliner Familienreferentin Ute Eberl gesprochen. Nach Angabe der Süddeutschen Zeitung sprach sie davon, daß sich die »Herren in Schwarz« erst mal in die Wohnzimmer setzen sollen, »um zu hören, wie es ihnen geht, statt über das zu urteilen, was in ihren Schlafzimmern geschieht«. Ganz zu schweigen von der Analogie des Wiener Kardinal Christoph Schönborn: »Vor 50 Jahren brach die katholische Kirche mit der Lehre, daß es außerhalb von ihr kein Heil geben könne. Nun erklärte sie: Auch in anderen Konfessionen und Religionen kann es Heil geben. Diese Gradualität könnte man auch beim Eheverständnis anwenden: das vollständige Heil wohnt in der kirchlich geschlossenen Ehe, doch es lebt auch in der gut geführten Beziehung ohne Trauschein oder unter homosexuellen Partnern, die sich liebevoll ums Kind kümmern«. Ein erschütternder Zwischenbericht über die voranschreitende Auflösung der

---

[161] Artikel »Heiliger Bimbam« in der Süddeutschen Zeitung vom 16.Oktober 2014 (Nr.238).

Katholischen Kirche. Gezielt wird darauf hingearbeitet, daß ein »Erdbeben« die Katholische Kirche erschüttert und sich die »Türen öffnen, die 50 Jahre lang verschlossen waren«, denn Homosexualität könne auch »die christliche Gemeinschaft bereichern«. Hatten wir nicht in der Vergangenheit gelernt, daß die christliche Ehe unauflöslich und ein hl. Sakrament ist? Ich verweise lieber auf 1. Mose 18,20 »Und der Herr sprach: Es ist ein Geschrei zu Sodom und Gomorra, das ist groß, und ihre Sünden sind sehr schwer« (vgl. auch die Stellungnahme des Deutschen Ethikrates zur Aufhebung des Inzestverbots für erwachsene Geschwister!). Warum diese Umkehr und Verwirrungen? Warum wird bewusst die Katholische Kirche dem Ökumenismus geopfert? Warum finden wir das Heil nicht mehr in der Katholischen Kirche, sondern können es überall finden? Welchen Schluss müssen wir Katholiken ziehen, wenn wir zusehen müssen, wie die kirchlichen Behörden die Kirche mit der Revolution vermählt? Sind wir Katholiken verpflichtet, den protestantischen Weg einzuschlagen und uns damit abzufinden, daß die zentralen katholischen Glaubensinhalte profanisiert werden? Unterliegen nicht die Modernisten und protestantischen Fürsprecher innerhalb der katholischen Kirche nicht dem Fehler, wenn sie den Versuch unternehmen, niemanden zu verprellen und den Zugang zum Glauben möglichst leicht zu machen? Wir müssen die katholischen Geistlichen ermahnen und sie darauf hinweisen, daß die absoluten Glaubenswahrheiten der katholischen Kirche vom festen Glauben leben. Sie sind nicht Teil einer allgemeinen anerkannten Ethik und beliebig interpretierbar. Der hl. Paulus hat uns gewarnt: »Aber selbst wenn ein Engel vom Himmel euch ein anderes Evangelium verkündete als jenes, das wir euch verkündet haben: er sei verflucht! « (Gal. 1,8).

Irrtümer und Halbwahrheiten

Wir unterliegen einem Irrglauben, wenn wir jenen Propheten folgen, die behaupten, daß wir seit der biblischen Zeit »weitergekommen« sind und z.B. die Zehn Gebote in einer zeitgemäßen Version aufnehmen könnten.[162] Gewiss, wir leben zu Beginn des 21. Jahrhunderts und nicht mehr im viktorianischen Zeitalter. Demzufolge ist es jedoch mit der Aussage zu kurz gegriffen, wenn wir die Ansichten über unsere zentralen Glaubensinhalte in Frage stellen. Warum? Nun, in Fragen zentraler Glaubensinhalte gibt es keine Interpretationen und beliebige Deutungen – sie sind dogmatischer Natur. Ebenso beziehen sich religiöse Glaubensinhalte auf die gelebte Tradition. Aber was ist Tradition. Marcel Lefebvre, Generaloberer des Missionsordens der »Väter vom Hl. Geist« und Gründer der Priesterbruderschaft St. Pius X. (1970) beschrieb es folgendermaßen: »Es scheint mir, daß das Wort oft nur unvollkommen verstanden wird; man setzt es »den« Traditionen gleich, wie sie in den Berufen, in den Familien, im bürgerlichen Leben bestehen: wie etwa der »Blumenstrauß« auf dem Hausgiebel, wenn der letzte Dachziegel gelegt ist, das Band, das man bei der Einweihung eines Denkmals durchschneidet. [...] Tradition, das sind nicht die Bräuche, die

[162] Dawkins, Richard: Der Gotteswahn, Ullstein Buchverlage GmbH, Berlin, 5. Auflage 2007, S. 365f.

aus der Vergangenheit übernommen wurden und aus Treue zu ihr bewahrt werden, auch wenn die Gründe dafür nicht mehr klar erkennbar sind. Die Tradition ist zu definieren als das von Jahrhundert zu Jahrhundert durch das Lehramt weitergegebene Glaubensgut. Dieses Glaubensgut ist jenes, das uns die Offenbarung geschenkt hat, das heißt das Wort Gottes, das den Aposteln anvertraut wurde und dessen Weitergabe durch ihre Nachfolger zugesichert ist.

Aber heute will man jedermann »suchen lassen«, als wäre uns nicht das Credo gegeben worden, als wäre unser Herr nicht gekommen, um uns ein für allemal die Wahrheit zu bringen. Was soll man denn finden bei diesem ganzen Suchen? Die Katholiken, denen man »Infragestellungen« aufzwingen will, nachdem man sie dazu gebracht hat »ihre Gewissheit aufzugeben«, müssen sich an Folgendes erinnern: Die Übergabe des Schatzes der Offenbarung wurde mit dem Todestag des letzten Apostels abgeschlossen. Sie ist beendet; man kann nicht mehr daran rühren bis zum Ende der Zeiten. Die Offenbarung ist nicht reformierbar. Das Erste Vatikanische Konzil hat das ausdrücklich in Erinnerung gebracht: »Die von Gott geoffenbarte Glaubenslehre wurde nicht, gleich einem erfundenen philosophischen Lehrgebäude, intelligenten Menschen vorgeschlagen, die es zu vervollkommnen hatten, sondern sie wurde als göttlicher Schatz der Braut Christi (der Kirche) anvertraut, damit diese sie treu behüte und unfehlbar auslege«.[163] Es darf nicht sein, daß gelehrt wird, daß die Zerstörung der traditionellen Werte negative Folgen für die

---

[163] Lefebvre Marcel: Offener Brief an die ratlosen Katholiken, Sarto-Verlag, 2009, 175f.

Gesellschaft hat. Die abstrakten Ideen des Liberalismus, wie wir ihn heute erfahren, wenden sich gegen den Willen der Volksmehrheit. Im Grunde wird damit die rationale Forderung nach einer natürlichen Grenze gegen die Ausbreitung des absoluten Freiheitsdranges unterdrückt. Angesichts eines immer weiter fortschreitenden Aufstandes in Kirche und Gesellschaft, ist es unsere Pflicht, für den Sturz der Feinde Gottes und für eine wahre Erneuerung der Kirche und des Staates einzustehen. All dies ist in einem programmatischen Grand Design (Programmatik) zusammenzuführen – ohne dabei in kleinkarierter Weise abzustimmen. Die Welt braucht *keinen* globalen Gesellschaftsvertrag, Weltvertrag oder Weltinnenpolitik, d.h. globale Ordnungsbedingungen.

GRAND DESIGN[164]

§1 FAMILIEN- UND KULTURPOLITIK

Oberster Grundsatz ist es, für den Erhalt und den Schutz der traditionellen Familie und deren Kindern zu sorgen. Traditionelle Familienpolitik bedeutet: die christliche Ehe, die auf Dauer angelegte Lebensgemeinschaft von Mann und Frau. Homosexuelle Lebenspartnerschaften bilden keine Familie. Anders verhält es sich natürlich mit den alleinerziehenden deutschen Müttern und Vätern, bei denen die Bedürfnisfrage immer zu prüfen sein wird.
Bereits der französische Staatstheoretiker Jean Bodin erkannte die »wahre Quelle« und den »Ursprung des Staates«. Für ihn konnte der Staat nur ein Abbild der Familie sein. Infolgedessen glich die »[...] häusliche Gewalt der souveränen Gewalt, so daß die rechte Regierung des Haushaltes [...] das Vorbild für die Regierung des Staates [...]« ist.
Mit dem Aufkommen der neuzeitlichen Ideen zur Neugestaltung des familiären Zusammenlebens beschritten die Regierungen nunmehr den Weg zu einem generationsübergreifenden Zusammenbruch des Staates. Das Eingeständnis zur Umgestaltung der Familie in den 70er Jahren und die fortschreitende Novellierung neuer Partnerschaftsmodelle zeugen von einem Ungeist, der in der traditionellen Familienform (Ehe) lediglich ein faschistisches Relikt patriarchaler Herrschaft sieht. Selbige Ansicht führt zur gnadenlosen Verfolgung konservativer Familienpolitik, um et-

---

[164] vgl. ARBEIT.FAMILIE.VATERLAND. Das Parteiprogramm der Nationaldemokratischen Partei Deutschlands, Bamberg 2010.

waige ideologisch, patriarchale Familienideologien im Keim zu ersticken. Denkrichtig wird daher ein Gleichheitssatz konstruiert, der zukünftig jede Personengemeinschaft legitimiert. So wundert es uns nicht, daß die Bedeutung der Ehe für Familie und Gesellschaft marginalisiert wird. Der Einwurf ist stark, aber begründet. In diesem Sinne muss man alle Frauen zu einem gesunden Selbstwertgefühl ermutigen und zu einer bewussten Gestaltung ihres Lebens als Frau und Mutter, zur Pflege fraulicher und mütterlicher Eigenschaften. Die Erziehung der Kinder achtet auf die gegenseitige Sorge, Verantwortung und Liebe. Ebenso muss die Erziehung auch die richtige Würdigung und Erfüllung ihrer späteren staatsbürgerlichen Pflichten erfahren. Die Tätigkeit des Einzelnen darf nicht gegen die sittlichen Interessen der Gemeinschaft verstoßen, sondern muss im Rahmen des Gesamten und zum Nutzen aller erfolgen. Daher sollten wir uns für den Schutz der Jugendlichen vor kommerzieller und sexueller Ausbeutung sowie sittlicher und gesundheitlicher Gefährdung einsetzen.

a) Ablehnung der »Genderpolitik«

Die Unterschiedlichkeit und Gleichwertigkeit von Mann und Frau ist natürlich und sinnvoll. Die naturwidrige Gender-Mainstreaming-Ideologie ist daher abzulehnen. Daher sollte gelten: kein Adoptionsrecht für Homosexuelle, Frühsexualisierung und Gender-Revolution sind zu stoppen.

b) Intaktes Volk durch intakte Familie

Die Familie muss wieder die Wirkung entfalten und dem Einzelnen sittlichen Halt und persönliche Sicherheit geben. In der

Geborgenheit der Familie können charakterstarke, gemeinschaftsfähige, gesunde und leistungsstarke Kinder heranwachsen. Die Familie ist die Keimzelle des Volkes. Die besondere Bedeutung der Familie für unsere Zukunftsfähigkeit wird angesichts der katastrophalen Bevölkerungsentwicklung immer deutlicher. In der BRD werden Familien durch ökonomischen Mobilitätszwang zunehmend räumlich auseinandergerissen. Dieser Entwicklung gilt es Einhalt zu gebieten.

c) Familienpolitische Maßnahmen

Familienpolitische Maßnahmen wie das Kindergeld, das »Begrüßungsgeld« für Neugeborene, das »Müttergehalt« und das geforderte Familiendarlehen sollen ausschließlich deutschen Familie zu Gute kommen. Besonderer Schutz muss dem werdenden Leben und der werdenden Mutter zuteil werden. Die Tötung ungeborenen Lebens darf nicht aus sozialen Beweggründen, sondern einzig und allein bei Gefahr der Gesundheit von Mutter und Kind, zu erwartenden schwersten Behinderungen sowie nach Vergewaltigungen erlaubt sein. Da die Familie nicht nur aus Eltern und Kindern besteht, ist das Miteinander der Generationen zu fördern (sog. Mehrgenerationenwohnen). Auch der Betreuung Pflegebedürftiger durch ihre Kinder ist größtmögliche Unterstützung zukommen zu lassen. Es müssen Maßnahmen geschaffen werden, die ein familienfreundliches und bezahlbares Wohnen ermöglichen.

d) Kindesentwicklung steht im Mittelpunkt

Der Staat hat für ein flächendeckendes, hochwertiges vorschulisches Erziehungs- und Betreuungsangebot Sorge zu tragen. Die erzieherische Verantwortung für Kinder liegt in erster Linie bei der Familie. Für das Kindeswohl ist es am besten, wenn die Betreuung in den ersten drei Lebensjahren hauptsächlich durch die Mutter erfolgt.

e) Leistung der Hausfrau und Mutter muss gewürdigt werden

Die Leistung der Hausfrau und Mutter ist zu würdigen. Sie hat ein Anrecht auf ein nach Anzahl und Alter der Kinder gestaffeltes, zeitlich begrenztes Müttergehalt. Mütter sollten nicht aus finanziellen Gründen gezwungen sein, außerhäuslich zu arbeiten. Die Altersrente von Müttern ist vom Gesetzgeber zu sichern. Kinderlosigkeit darf gegenüber Familien mit Kindern nicht besser gestellt werden. Aus diesem Grund ist das Ehegattensplitting zu einer Förderung für Familien mit Kindern weiterzuentwickeln. Für ein familien- und kinderfreundliches Klima bedarf es der besonderen gesellschaftlichen Würdigung der Leistung kinderreicher Familien.

Tradition einer geistig-moralischen Erneuerung:

Jahrzehntelange Reformen auf der Basis des Dogmas der angeblichen Gleichheit aller Menschen haben die Leistungsfähigkeit unseres Schul- und Hochschulwesens untergraben. Hinter diesen ideologiegesteuerten Reformen steht die wirklichkeitsferne Vorstellung, durch ausgeklügelte Programme eine neue Gesellschaft mit Menschen gleicher Fähigkeiten und Leistung zu prägen.

Daher gilt es für eine geistig-moralische Erneuerung zu kämpfen:

a) Verbindliche (bundesweite) Einführung von G9 und »ein gebührenfreies Erststudium in der Regelstudienzeit« sowie die »Einführung von Studiengebühren für ausländische Studenten«. Struktur ist wichtig und notwendig: daher muss das Schulwesen bundeseinheitlich organisiert werden. Allerdings müssen wir uns bei der Schulausbildung auch auf Pädagogik und Didaktik konzentrieren; denn das Gymnasium muss wieder eine echte Hochschulreife und keine »Zugangsberechtigung« vermitteln.

b) Beibehaltung der »Schreibschrift«, Förderung der »deutschen Muttersprache« und Wiedereinführung der Lernmittelfreiheit.

c) Es ist die Aufgabe des Staates, der gewachsenen Nationalkultur als identitätsstiftendem Element auf allen Gebieten sorgfältige Pflege zuteil werden zu lassen und sie vor kultureller Überfremdung, wirtschaftlichem Ausverkauf und kommerzieller Verflachung zu schützen. Nicht unterschätzt werden darf die Rolle einer neurotisierenden »Erinnerungskultur«, die zu einem historisch beispiellosen Traditionsabriß geführt hat; der mittlerweile die Zukunftsfähigkeit Deutschlands gefährdet.

d) Die deutsche Sprache, inklusive ihrer Dialekte müssen vor Vereinfachung (»leichter Sprache«) und Anglisierung geschützt werden. Deutsch muss seinen ersten Rang als Wissenschafts- und Wirtschaftssprache zurückerhalten. Daher ist die sogenannte Rechtschreibereform für gescheitert zu erklären und eine Rückkehr zur bewährten Rechtschreibung (»Traditionelle (deutsche) Rechtschreibung«: die bis 1996 gültige Regelung) zu befürworten. Der Schutz der deutschen Sprache muss Verfassungsrang erhalten. Die Berücksichtigung landsmannschaftlicher Eigenheiten ist Ausdruck des politischen Selbstverständnisses.

e) Ablehnung der »Ganztagsschulen«

f) Förderung der »staatlichen Schulbildung«: Zweigliedriges Schulsystem (Volksschule = [Haupt-, Realschule, Fachhochschule etc.] und Gymnasium) und »Recht auf eigene Erziehung der Kinder bis zum gesetzlichen Einschulungsalter«: sowie Beibehaltung der »Dualen Berufsausbildung«.

g) Lossagung vom gezielten Kindermord und Abtreibung.

h) Ebenso wenden wir uns gegen den Verkauf/Handel, Konsum von: Rauschgiften und eines exzessiven Alkoholmissbrauchs.

i) Rechte der Frau und Mutter, der traditionellen Familie und der Eltern als Erzieher stärken: Anerkennung der Haus- und Erziehungsarbeit als vollwertigen Beruf für die Frau und/oder den Mann.

j) Verpflichtende Einführung eines »Kinderbetreuungsscheins« für werdende Eltern (Erziehungsberechtigte/r) und Eltern (Erziehungsberechtigte/r) mit Kindern unter fünf Jahren.

Grundsatzrede über die Einführung eines Kinderbetreuungsscheins

Angesichts der zunehmenden Gewalt und Vernachlässigung gegen Kinder ist es sinnvoll – mit der verpflichtenden Einführung eines »Kinderbetreuungsscheins« – eine Situation zu schaffen, die den Weg einer entspannten Erziehung und glücklichen Kindern ebnet:

- Die verpflichtende Einführung eines »Kinderbetreuungsscheins« richtet sich an werdende Eltern (Erziehungsberechtigte/r) und Eltern (Erziehungs-berechtigte/r) mit Kindern unter fünf Jahren. Der einmalige Erhalt eines »Kinderbetreuungsscheins« erfordert die Absolvierung eines zertifizierten Kurses (Dauer umfasst drei Doppelstunden á 120 Minuten). Hierbei gilt es die Eltern (Erziehungsberechtigte/r) auf den Umgang mit dem Kind (Kindern) vorzubereiten und/oder in ihrer Verantwortung zu unterweisen. Die für diesen Kurs anfallenden Kosten (Teilnahmegebühr und Fahrtkosten mit öffentlichen Verkehrsmitteln) trägt der Sozialgesetzgeber.
- Ausschließlich der Nachweis des »Kinderbetreuungsscheins« (zertifizierte Bescheinigung) sollte die Inanspruchnahme des Kindergeldes (vgl. §66. Abs. 1 EStG bzw. §6Abs. 1 Bundeskindergeldgesetz) und des Elterngeldes nach §1 Abs.1 BEEG (Bundeselterngeld- und Elternzeitgesetz) ermöglichen.
- Ebenso sollte nur der Nachweis des »Kinderbetreuungsscheins« (zertifizierte Bescheinigung) zur Inanspruchnahme einer monatlichen Zahlung (z.B. Betreuungsgeld) nach §16

Abs.4 SGB VIII berechtigen [ggf. Anpassung der aktuellen Gesetzgebung].

In diesem Sinne werden die genannten Gelder zielgerichtet verwendet. Das Programm hat zum Ziel, die Erziehungs- und Elternkompetenz zu stärken und damit den Kindern ihre Entwicklungsmöglichkeiten zu verbessern. In Folge geht es nicht um parteipolitisches Kalkül oder um die Bevormundung von Eltern durch eine »staatliche Behörde«, vielmehr geht es um das Wohlergehen unserer Kinder.

Grundsatzrede über die Kulturpolitik

Im Mittelpunkt der Kulturpolitik steht die ästhetische Kunst. Worum handelt es sich dabei? Wenn wir von ästhetischer Kunst sprechen, dann müssen wir nach dem Gesetz des Schönen gestalten und urteilen. Dies führt uns unweigerlich zur Abgrenzung von den Idealen Zeitgenössischer Kunst. Kunst ist nicht ein Ausdruck der Vernunft und der Reflexion persönlichen Empfindens; d.h. Kunst kann nicht nach individuellen Gesichtspunkten beurteilt werden. Vielmehr ist »Kunst« der geschaffene Ausdruck von Schönheit und damit vereint sie drei erforderliche Eigenschaften:

- Erstens Vollständigkeit oder Vollendung (Vollkommenheit).
- Zweitens, die nötige Proportion (zarte Umrisslinien) und
- Drittens, letztlich Klarheit, d.h. Muster und Regeln. Na-

turgemäß orientieren sie sich dabei an den Formen und Vorbildern der Antike und der ital. Renaissance (vgl. Klassizismus).

Ziel der Kunst soll es sein Freude zu vermitteln, um den Menschen zu erfreuen und die Seelen der rohen Masse und des gemeinen Volkes zu erneuern. Dies geschieht durch die Musik, durch die Poesie, durch Malerei und durch ihre Skulpturen. Demnach nähert sich Kunst dem Begriff einer »idealen Schönheit« an, die sich sowohl in der belebten also auch leblosen Natur wieder findet.
In diesem Sinne verstehen wir unter dem »Ideal Zeitgenössischer Kunst« eine »falsche Idee der Kunst«; denn diese ist in ihren wesentlichen Formen nach für eine geistige Zerstreuung, Frivolität und kommerziellen Interessen geschaffen worden. Kulturpolitik hat die Aufgabe, den Menschen zu erziehen: d.h. auch die Unterscheidungsmerkmale des guten Geschmacks (Ästhetik) zu definieren.

§2 RECHTS-UND SICHERHEITSPOLITIK

Volksherrschaft setzt die Volksgemeinschaft voraus. Vor dem Hintergrund des übergreifenden christlichen Universalismus des Mittelalters bildeten regionale und ständische Bindungen den unüberschreitbaren Rahmen für sich voneinander abgrenzenden vornationalen Gruppenzugehörigkeiten. Der im Mittelalter geläufige Begriff *natio (nasci = geboren werden)* bezieht sich in einem eingeschränkten Sinne auf Herkunft und Abstammung.

Als Geburtsstunde des »Nationalstaates« gilt die Französische Revolution. In ihr wurden die Idee der Volkssouveränität, die Herausbildung des modernen zentralistischen Staates und die sich entwickelnde bürgerliche Gesellschaft begründet. Die nationale Loyalität der Staatsbürger ersetzt traditionelle Legitimierungsmuster staatlicher Herrschaft. Die Nation wird »anstelle der Kirche zur verbindlichen Sinngebungs- und Rechtfertigungsinstanz des nachrevolutionären Menschen«. Der organische Volksbegriff der Romantik wird verdrängt durch den mechanistischen französischen Begriff »nation«: Eine Nation ist demnach die Summe der Angehörigen eines Staates.

Die allgemeine Emanzipation (d.h. Befreiung von Abhängigkeit) bleibt nicht bei dem Einzelnen stehen, sondern geht noch einen Schritt weiter und führt zur Emanzipation der Völker (»Das lebensfähige Kind der französischen Revolution ist der moderne Nationalismus«, vgl. M.H.Böhm, Die Krisis des Nationalitätenrechts, 1935 – Europa Irredenta). Staat ist also nicht mehr Organisation einer beliebigen Summe von Individuen, sondern Organisation eines Volkes. Das Volk ist aber wiederum nicht die Seele des Staates, sondern: der Staat ist die Hand des Volkes.

Der Staat ist die auf ein bestimmtes Gebiet bezogene Summe und Organisation der Machtmittel eines Volkes, durch die es souverän seine Entwicklung wesensgemäß gestaltet.

Legitimität von Herrschaft

Was ist Legitimität? Wer bestimmt über den Anspruch einer rechtmäßigen Herrschaft? In der Tiefe unserer Verfassung erhalten wir die Antwort: Es ist das Parlament. Im System der Mehrheitsentscheidung liegt die Legalität der Herrschaft. Damit die Dinge ihren geordneten Verlauf nehmen, wird das Parlament nicht abgelehnt. Diese Forderung wäre völlig abwegig, denn das Parlament hat unzweifelhaft den Vorteil, daß die Beziehung zwischen dem Volk und seiner rechtmäßigen Regierung nicht abreißt:

a) Petitionsrecht und Volksentscheide auf nationaler Ebene bei relevanten Lebensfragen.
b) Direktwahl des Bundespräsidenten und
c) direkte Verhältniswahl des Parlaments und kommunaler Parlamente durch wahlberechtigte Bürger ab 18. Jahre.
d) Die Übernahme von öffentlichen, politischen Ämtern ist erst ab 21. Jahren erlaubt.

Folglich gilt der Lehrsatz:

Recht wird ein Gesetz unter einer regelnden und ordnenden Herrschaft. Recht ist demnach immer der Ausdruck einer gewählten Akzeptanz verallgemeinernder Rechte (Gesetze). Recht ist, was nach der Verfassung beschlossenes Gesetz ist. Die Rechtsprechung des Staates hat dem Schutz und der Sicherheit des Einzelnen und des ganzen Volkes zu dienen. Der Gesetzgeber ist dem Wohl jedes einzelnen Bürgers verpflichtet (lokale Sicherheit). Gesetze dürfen weder zu unsittlichen Handlungen verführen, noch diese fördern. Die Aufgabe des Staates muss die Sorge für das *Wohl der Bürger und die Garantie individueller Freiheitsrechte (zivile und persönliche Freiheiten)* sein, soweit sie mit den gesetzlichen Bestimmungen und der öffentlichen *(sittlichen)* Ordnung in Einklang zu bringen sind:

a) Garant hierfür ist eine wehrfähige Gesellschaft (»stehendes Heer«). Die Erhaltung und/oder Wiedereinführung der Wehrpflicht (12 Monate Wehrpflicht) ist zwingend erforderlich. Dies gilt insoweit auch für die Bereitstellung eines adäquaten Wehrersatzdienstes (Zivildienst\Sozialdienst mit einer Dienstzeit von ebenfalls 12 Monaten).

b) Allerdings darf es einen vielfach tätigen oder gar allpräsenten Staat nicht geben. Daher sprechen wir uns für den Anspruch an *Privateigentum* und der *Privatsphäre* (in Abgrenzung zum öffentlichen Raum) aus. Soviel Freiheit wie möglich erfordert soviel Ordnung wie nötig. Rechtsfreie Räume dürfen nicht geduldet werden.

c) Die Unabhängigkeit der gesetzgebenden, der ausführenden und der rechtsprechenden Gewalt im Staat ist sicherzustellen.

d) Über die Wiedereinführung der Todesstrafe ist ein Volksentscheid durchzuführen. Lebenslange Freiheitsstrafe muss tatsächlich lebenslangen Freiheitsentzug bedeuten.

e) Kriminelle Ausländer sind abzuschieben, es ist ein lebenslanges Einreiseverbot zu verhängen. Die Feststellung, daß im Heimatland eines Ausländers strengere Strafen als in Deutschland gelten, darf der Abschiebung nicht im Wege stehen. Der amtlichen Meldepflicht ist Geltung zu verschaffen; ein Unterlaufen amtlicher Meldevorschriften durch Ausländer ohne legalen Aufenthaltsstatus ist konsequent zu ahnden und muss künftig ein Ausweisungsgrund sein.

f) Der angemessene Zugang zu den Massenmedien ist allen gesellschaftlich relevanten Organisationen zu garantieren. Die Unabhängigkeit der Justiz ist sicherzustellen. Der Schutz der Opfer von Gewaltverbrechen ist zu gewährleisten. Opferschutz muss vor Täterschutz gehen.

g) Das Selbstbestimmungsrecht des Volkes darf nicht durch Rechtssetzungsakte überstaatlicher Organisationen wie der Europäischen Union, der UNO oder der WTO ausgehöhlt werden. (vgl. Volksentscheide auf nationaler Ebene bei relevanten Lebensfragen).

h) Frage-, Rede- und Denkverbote sind eines freiheitlichen Staates unwürdig, soweit sie dem sittlichen Empfinden nicht schaden. Die Freiheit der Wissenschaft ist aber staatlich zu garantieren.

i) Der Staat hat mit aller gebotenen Härte gegen die organisierte Kriminalität (Drogenkriminalität) vorzugehen, die zu einer gefährlichen Begleiterscheinung der Globalisierung geworden ist.

j) Alliierter Massenmord darf nicht verjähren. Der Ehrenschutz des deutschen Volkes ist wirksam zu gewährleisten.

k) Der Daten- und Informationsaustausch deutscher und ausländischer Sicherheitsbehörden und Geheimdienste zum Zweck der Kriminalitäts- und »Terror«-Bekämpfung muss auf ein erforderliches Mindestmaß reduziert werden: hochsensible Daten von Millionen Deutschen dürfen nicht dem routinenmäßigen Zugriff ausländischer Behörden ausgesetzt sein. Entsprechende europäische, transatlantische und andere bilaterale Übereinkommen sind zu überprüfen und erforderlichenfalls aufzukündigen. Der Staat ist in erster Linie dem Schutz- und Sicherheitsbedürfnis deutscher Bürger und nicht dem Datenhunger internationaler Organisationen und fremder Staaten verpflichtet.

1) Der Schutz der Bürger und ihres Eigentums ist die zentrale Aufgabe deutscher Innenpolitik. Sicherheit für jeden Deutschen kann es nur dann geben, wenn das Gewaltmonopol ausschließlich von den zuständigen staatlichen Organen ausgeübt wird. Rechtsfreie Räume darf es deshalb nicht geben, weil dadurch die Autorität und Legitimität der ausführenden Gewalt relativiert wird. Die Sicherheit aller Deutschen im Inneren ist durch eine effiziente Sicherheitskoordinierung zu gewährleisten. Dazu gehört in erster Linie die Beseitigung sozialer und ethnischer Brennpunkte, insbesondere im Gefolge der »Multikulturalisierung« der großstädtischen Ballungsräume. Der Schutz Deutschlands und seiner Bürger vor auswärtigen Bedrohungen schließt insbesondere die Wiederherstellung eines wirksamen Schutzes der deutschen Außengrenzen vor illegaler Zuwanderung und ausländischem Kriminalitätsimport ein. Routinemäßige Grenzkontrollen sind wieder einzuführen;

das »Schengener Abkommen« ist einseitig aufzukündigen.

m) Die bürgerlichen, staatsbürgerlichen Rechte und Pflichten werden durch die Ausübung der Religionsfreiheit behindert und in die Irre geführt. Aus diesem Grund können die bürgerlichen und staatsbürgerlichen Rechte sowie die Zulassung zu öffentlichen Ämtern nicht unabhängig von einem religiösen Bekenntnis übernommen werden. Zwar darf niemand zu kirchlichen Handlungen oder zur Teilnahme an religiösen Übungen gezwungen werden. Aber: religiöse Eidesformen – d.h. christliche Eidesformen (protestantisch, katholisch oder orthodox) – sind für die Übernahme von beamtenrechtlichen und öffentlichen Ämtern sinnvoll, notwendig und verpflichtend. Andere Formen religiöser Überzeugungen sind aus staatspolitischer Sicht nicht wünschenswert.

Grundsatzrede über die Todesstrafe[165]

[165] Beschlussempfehlung vom Petitionsausschuss des Deutschen Bundestages, Juli 2018: »Das Ergebnis der parlamentarischen Prüfung lässt sich unter anderem unter Einbeziehung der seitens der Bundesregierung zu der Thematik angeführten Aspekte wie folgt zusammenfassen:
Die Änderung des Grundgesetzes bedarf grundsätzlich einer Zweidrittelmehrheit im Bundestag. Allerdings ist die vorgeschlagene Regelung wegen der Verletzung des Artikels 79 Absatz 3 GG nicht möglich. Demnach kann das Grundgesetz nur geändert werden, wenn dadurch nicht die in Artikeln 1 und 20 GG niedergelegten Grundsätzen berührt werden. Die Wiedereinführung der Todesstrafe verstößt jedoch gegen die Menschenwürde und damit gegen Artikel 1 GG. Der Betroffene würde durch die Todesstrafe zum bloßen Objekt staatlicher Gewalt herabgewürdigt werden. Der Ausschuss hält die geltende Rechtslage für

Mit Entsetzen sind wir tagtäglich gezwungen durch die Presse einen oder mehrere Morde zur Kenntnis zu nehmen. Laut einem Bericht der »Süddeutschen Zeitung« (SZ, Nr.61, S.8) sah der Tatort in diesem Fall aus wie der Drehort eines Krimis: »In den verfallenen, mit Graffiti besprühten Hallen einer ehemaligen Papierfabrik im Düsseldorfer Industriehafen fand ein Zeuge am Sonntagnachmittag die Leiche eines 15-jährigen Mädchens [...]. Der mutmaßliche Täter stellte sich der herbeigerufenen Polizei am Tatort. Der 16-Jährige gestand, das Mädchen getötet zu haben [...].« Wir kennen allzu gut die Fehlurteile, Justizskandale und mildernde Umstände für Kapitalverbrecher. So auch in diesem Fall; denn »ins Gefängnis muss der Jugendliche wohl nicht« – so die Süddeutsche Zeitung. Warum? Ich zitiere: »[...] Er sei an Schizophrenie erkrankt, habe sich deswegen bereits zuvor in Behandlung befunden und sei zum Zeitpunkt der Tat nicht schuldfähig gewesen [...]«, sagte der verantwortliche Staatsanwalt. Aus diesem Grund beantragte die Staatsanwaltschaft die Unterbringung des jungen Mannes in eine Psychiatrie und ermittelt nun wegen Totschlags. Dürfen Mörder leben, auch wenn wir sterben müssen? Eine provokante Frage, denn der Staat tötet keinen mehr. Ebenso sei es falsch, einen Menschen in einem perversen staatlichen Racheritual wie einen Hund einzuschläfern, selbst wenn dieser Mensch vermutlich ein Mörder ist! Hat ein Joachim Fernau etwa Unrecht wenn er schreibt: »[...] Sie verhängen den Tod, aber über sie wird kein Tod verhängt. Der Staat

---

sachgerecht und vermag sich nicht für eine Gesetzesänderung im Sinne der Petition auszusprechen. Auch hinsichtlich des weiteren Vorbringens sieht der Petitionsausschuss keine Veranlassung zum Tätigwerden.«

tötet keinen mehr, Mörder müssen leben, auch wenn wir sterben müssen. Hört ihr, nicht davon sprechen! Seid brav! […]«. Nicht davon sprechen, genau aus diesem Grund ist es in den letzten Jahren um diese Frage leise geworden. Trifft es aber wirklich zu, daß der Staat (die legitime Herrschaft) nicht das Recht habe, einem Menschen das Leben zu nehmen? Im Gegenzug müsste man dann aber fragen, ob ein Mensch das Leben eines anderen nehmen kann, um dann das Recht zu besitzen nach spätestens 15 Jahren die Freiheit wieder zu erlangen? (Entscheidung des Bundesverfassungsgerichts von 1977 das Rechtsstaatsprinzip und die Menschenwürde (BverfGE 45, 187)). Hat nicht aber der Staat die Verpflichtung in seinem Herrschaftsgebiet für die Durchführung der Ordnung zu sorgen? Er alleine besitzt das legitime Gewaltmonopol und hat daher das alleinige Recht und die Verpflichtung Kapitalverbrechen mit dem Instrument der Todesstrafe zu verhindern. Wobei eine lebenslange Haftstrafe meiner Meinung nach völlig indiskutabel ist. Es liegt in der Natur des Menschen, daß er die Strafe fürchtet. Fehlt allerdings das Element der absoluten Strafe, so gerät der Staat in Unordnung. In der Forderung nach der Wiedereinführung der Todesstrafe stelle ich mich daher bewusst gegen die landläufige Ethik (vgl. auch die Beschlussempfehlung vom Petitionsausschuss des Deutschen Bundestages). Ist es aber wirklich eine Kehrtwendung, wenn ich die Todesstrafe für Verbrecher fordere, die *bewusst und willentlich* Menschblut vergießen? Sie werden einwerfen, daß der Dekalog das Töten verbietet. Folglich kann es nicht christlich sein, wenn der Staat tötet. Ab in die Schlafkiste mit diesem Thema und beenden wir die populistische Hetze. Leider kennen wir die Neigungen des Menschen zur Sünde. Aus diesem Grund müssen wir uns die christliche Lehre über die Sünde etwas genauer ansehen. Wir kennen allzu gut die Versuchungen der sinnlichen Reize, des Zorns oder der Eifersucht, genauer: die sieben Hauptsünden. Unzweifelhaft wissen wir auch, daß der Mensch zur Sünde neigt und sie ein Teil der menschlichen Natur ist. Weil sie eben ein Teil der menschlichen Natur ist, müssen wir sie als solche begreifen und mit ihr leben. In diesem Sinne erwächst aus dieser natürlichen Schwäche die Tugend (2 Kor. 12,9), denn nur aus dem Kampf heraus entsteht Vollkommenheit. Aus diesem Grund folge ich der Lehrmeinung des deutschen Philosophen und Theologen bzw. größten deutschen Dominikaner und Mystiker Meister Eckehart (um 1260-um 1328). In der Grundüberzeugung, daß der Anstoß und die Erregung durch die Untugend die Tugend stärken, erringt der Mensch innerliche Stärke. So führt nämlich die Neigung zur Sünde dazu, »sich in der Tugend kräftig zu üben, und sie treibt ihn mit Macht zur Tugend und ist eine scharfe Geißel, die den Menschen zur Hut und Tugend antreibt; denn je schwächer sich der Mensch findet, desto besser muss er sich mit Stärke und Sieg wappnen, liegt doch Tugend wie Untugend im Willen«. Setze ich nun das Gesagte in Bezug auf die Forderung der Todesstrafe, dann fordere ich die Bestrafung jener, die im »Wollen« morden. Unter der scharfen Berücksichtigung, daß die eingesetzte Gewalt nicht das notwendige Maß überschreitet, ist die Forderung der Todesstrafe für heimtückischen und brutalen Mord (vorsätzliche Tötung eines Menschen) legitim. Dies ist für mich die Spitze der Kapitalverbrechen: also das brutale Morden in voller Absicht und aus Langeweile. Der Gerichtsmediziner

Hans-Ludwig Kröber erkannte in einem derartigen Verhalten das »Extrem der Freiheit«. Im Extrem der Freiheit liegt das Böse und es ist eine Versuchung, »[…] die umso stärker lockt, je größer die Chance ist, daß man nicht zur Rechenschaft gezogen wird. […] Es geht um das Gefühl der Allmacht, daß man alles tun kann, was man will […]«. Wenn es nun Menschen gibt, die in einer Art »Selbstvergottung« bzw. in einer »Ego-Ekstase« abscheuliche Morde begehen, dann ist es die Pflicht der Obrigkeit, diesem Wirken ein Ende zu setzen. Wenn wir das Leben achten wollen, dann müssen wir es schützen. Unbestritten muss demzufolge auch gelten, daß man Unschuldige nicht um ihr Leben bringt (Ex 23,7); dann wird der Staat wohlgeordnet sein.

§3 WIRTSCHAFTS- UND AGRARPOLITIK

Ökonomie (Wirtschaft) ist kein Selbstzweck, sondern dienender Teil des Ganzen. Der Staat muss daher einen ordnungspolitischen Rahmen setzen. Die Partei spricht sich daher für eine soziale Volkswirtschaft aus. Die Grundlage dafür kann nur durch das Vorhandensein einer geschäftlichen Ehre (Wirtschaftsethik) des Kaufmanns geschaffen werden. Aus diesem Grund ist die Ökonomie nicht Selbstzweck; d.h. der Staat nimmt die Funktion einer staatlichen Ordnungspolitik wahr (koordinierende Funktion), um den ehrenhaften Grundzug des kaufmännischen Lebens wiederherzustellen.

Globaler Freihandel (vgl. auch EU-Freizügigkeit und EU-Gewährleistungsstaat) ist kritisch zu beurteilen, um systematisch hervorgerufene Konkurrenzsituationen auf dem Arbeitsmarkt zu verhindern. Eine bedarfsorientierte und ausgewogene soziale

Volkswirtschaft ist zu befürworten, die ihren Schwerpunkt nicht in der einseitigen Exportorientierung, sondern in der Stärkung der Binnenwirtschaft sieht. Ziel ist die Förderung von regionalen Wirtschaftskreisläufen, um Beschäftigung und Kaufkraft in Deutschland zu sichern. Die grundlegenden Bedürfnisse sollen in den heimat- und lebensnahen Wirtschaftsräumen abgedeckt werden, damit diese Räume ihre vielfältige Lebensart und Arbeitskultur wie auch ihre ökologische Integrität erhalten und entwickeln. Was bedeutet das? Es bedeutet vor allem, daß die Entwicklung der Industrienation die materielle Grundlage schafft, um die Lebensbedingungen zahlreicher Menschen im Handwerk und der Industrie zu sichern. Insbesondere in einer kapitalistischen Gesellschaft müssen die Interessen und die ordnungspolitischen Maßnahmen auf die Grundrichtung eines Ausgleichs zwischen einem menschwürdigen Leben (Privateigentum und soziale Sicherheit) und des Kapitals ausgerichtet sein.

Der Staat hat die Aufgabe den Lebensunterhalt des Volkes zu schaffen und zu erhalten. Dies gilt in den Bereichen:

a) Grundlage souveräner Staatspolitik ist eine eigenständige nationale Währungs-, Steuer- und Finanzpolitik. Aus diesem Grund ist die Wiedereinführung der D-Mark unter Aufsicht einer nationalen Zentralbank sinnvoll.

b) Handwerk und Einzelhandel fördern: Der Mittelstand ist zufördern und zu gewährleisten, wenn notwendig auch wieder zu schaffen. Dabei gilt eine schärfste Berücksichtigung aller kleinen Gewerbetreibenden. Ausufernde Bürokratie ist abzubauen. Kreditwesen und öffentliches Auftragswesen sind mittelstandsfreundlich zu gestalten. Die deutsche Regierung ergreift geeignete Maßnahmen, die Ausbeutung durch Zinsen zu stoppen und die Börsen- und Finanzwirtschaft zu regulieren. Eine verantwortungsvolle Wirtschafts- und Finanzpolitik muss das deutsche Zins- und Börsenwesen in geordnete Bahnen lenken, Spekulationen unterbinden und jene gesetzlichen Rahmenbedingungen schaffen, die dem Wohl der deutschen Wirtschaft dienen. Die staatliche Wirtschaftsförderung hat dem Grundsatz gleichwertiger Lebensverhältnisse in ganz Deutschland Rechnung zu tragen, um sozialräumliche Verwerfungen und das Ausbluten ganzer Regionen zu verhindern.

c) Der soziale Wohnungsbau muss gefördert werden, denn Obdachlosigkeit und Wohnungsnot (Nutzung innerstädtischen Wohnraums) darf es im 21. Jahrhundert nicht mehr geben.

d) Wir reden von menschlicher Arbeitskraft und leistungsgerechter Entlohnung: nicht von monetären Kapital und »Humankapital«. Daher wird es erforderlich sein, in Teilbereichen des wirtschaftlichen Lebens, die menschliche Arbeitskraft zu fördern und diese nicht durch technologischen Fortschritt bzw. durch gezielte »Vollautomation« (Robotik: Androiden, Actroiden/Expo 2005, Gynoide etc.) zu ersetzen.

e) In diesem Sinne fordert die Partei die (Teil)-Verstaatlichung essentieller Unternehmen, um die Handlungsfreiheit des Staates sicherzustellen. Ebenso ist eine Beteiligung an Großbetrieben zum Wohle des Staates nicht auszuschließen (siehe altes VW-Gesetz/Übernahmeschutz).

f) Privatisierungen der sozialen Sicherungssysteme werden entschieden abgelehnt. Stattdessen ist ein staatlich organisiertes Sozialversicherungsmodell zu schaffen, an dem sich alle Deutschen beteiligen.

g) Der Erhalt und die Förderung der biologischen Landwirtschaft sind für eine gesunde Gesellschaft notwendig. Dabei gilt es die heimische (bäuerliche) Landwirtschaft und dessen Produkte vom Staat her zu schützen und zu fördern, sowie die landwirtschaftlichen Produkte vor kommerziellen (genetischen) Eingriffen zu bewahren.

§4 SOZIAL- UND GESUNDHEITSPOLITIK

Nationale Sozial- und Gesundheitspolitik verbindet soziale Gerechtigkeit und den Einsatz des Einzelnen für das Ganze. Wesentlicher Bestandteil ist die Erziehung zu einer gesunden Lebensführung. Der Gesundheitsschutz steht heute nicht mehr im Vordergrund der Gesundheitspolitik, da Krankheiten vielfach der Profitmaximierung von Pharmakonzernen und privaten Gesundheitsdienstleistern dienen.

Maßnahmen zur Krankheitsvorbeugung können nur in einem Gesundheitssystem Wirksamkeit entfalten, das auf die Hebung der Volksgesundheit ausgerichtet ist. Die Gesundheitsversorgung ist ein Grundrecht. Um dieses Grundrecht zu gewährleisten und es auch bezahlbar zu machen, ist die Zusammenführung der Vielzahl von Kassen zu einer einzigen (staatlichen) Volksgesundheitskasse erforderlich.

a) Das Sozialprinzip

Nationale Sozialpolitik fühlt sich dem ganzen Volk verpflichtet. Der mit der liberalkapitalistischen Wirtschaftsordnung einhergehenden sozialen Kälte stellen wir die Solidargemeinschaft aller Deutschen entgegen. Die »soziale Schere« zwischen Arm und Reich darf sich nicht so weit öffnen, daß Klassengegensätze verstärkt und die Volksgemeinschaft gesprengt wird. Ebensowenig darf die soziale Stabilität der Solidargemeinschaft durch Überfremdung ausgehöhlt werden.

b) Ausgliederung der Ausländer aus dem Sozialversicherungswesen

Ausländer sind aus dem deutschen Sozialversicherungswesen auszugliedern und einer gesonderten Ausländersozialgesetzgebung zuzuordnen. In ihrer Ausgestaltung von Pflichten und Ansprüchen hat sie auch dem Rückführungsgedanken Rechnung zu tragen. Die Ausstattung eines Ausländersozialfonds ist durch die Fremden selbst und Unternehmen, die diese beschäftigen, zu finanzieren. Asylbewerber haben keinen Anspruch auf Sozialleistungen.

c) Versicherungspflicht für alle

Für ein solidarisches Gesundheitswesen ist es unerlässlich, daß eine Versicherungspflicht für alle in einer staatlichen Volksgesundheitskasse (bis dato gesetzlichen Krankenkasse) besteht.

d) Ärztliche Versorgung

Lücken in der ärztlichen Versorgung (vor allem im ländlichen Raum) sind durch ein großzügiges System von Anreizen für die Mediziner zu schließen. Hierbei hat sich bisher das System der sog. »Gemeinschaftspraxen« bewährt. Krankenhäuser müssen unter staatlicher Obhut stehen und die »Allgemeinmedizin« muss wieder in den Fokus der universitären Ausbildung rücken.

e) Gesundheit, Ernährung und Sport

Die Erziehung zum Gesundheitsbewusstsein muss bereits in den Schulen und Kindergärten beginnen. Gesundheits- und Ernährungskunde muss Pflichtfach in den Schulen werden. Auch der

Sport muss in seiner Bedeutung im schulischen Lehrplan und darüber hinaus einen größeren Stellenwert einnehmen. Durch regelmäßige Sportstunden ist dem zunehmenden Gesundheitsverfall und der Übergewichtigkeit von Schülern entgegenzuwirken. Gesetzlich wird die Verwendung von Industriezucker und Zuckerersatzstoffen in Babynahrung verboten und die Lebensmittelindustrie wird verpflichtet, die Gesamtmenge aller verwendeten Industriezuckerarten in Prozent auf den Verpackungen anzugeben. Desweiteren werden alle Zigarettenautomaten abgeschafft. Der Verkauf von Zigaretten und alkoholischen Getränken erfolgt ausschließlich in Fachgeschäften und die Betreiber unterliegen den Bestimmungen des Jugendschutzgesetzes.

f) Rente – Altersarmut stoppen: für einen würdigen Lebensabend!

Die Schaffung einer einheitlichen, beitragsgerechten Rentenkasse für alle Erwerbstätigen ist unerlässlich. In diesem System tragen dann alle Deutsche – Erwerbstätige, Beamte und Arbeitgeber gleichermaßen. Um eine Zweckentfremdung der Rücklagen durch die politisch Verantwortlichen auszuschließen, muss die Volksrentenkasse auf rechtlich selbständige Beine gestellt werden. Viele Erwerbsbiographien bringen mit sich, daß keine ausreichenden Rentenansprüche gesammelt werden können, um davon im Alter leben zu können. Vor allem Zeiten der Arbeitslosigkeit und geringer Entlohnung, die auch eine private Altersvorsorge in den meisten Fällen unmöglich werden lassen, führen zu Niedrigstrenten.

§5 ENERGIE- UND VERKEHRSPOLITIK

Seit den 1980er Jahren ließ sich eine zunehmende Anzahl von Unternehmenszusammenschlüssen internationaler Firmen beobachten. Die stetig wachsende Anzahl und die damit steigende Gefahr der Zusammenschlüsse von transnationalen Konzernen (TNC) erfordern protektionistische Maßnahmen, um die Unabhängigkeit und damit die Handlungsfähigkeit der Politik zu gewährleisten. Insbesondere durch den wachsenden europäischen Wirtschaftsraum nehmen die nationalen Spannungen zu und geraten in den Einflussbereich einer gesamteuropäischen Wirtschafts- und Sozialpolitik.

Die sozialen Auswirkungen dieses gemeinsamen Wirtschaftsraumes sind heute schon spürbar: Der deutsche Staat ist nur noch eine Zusammenfassung ökonomischer Kontrahenten und bestimmt lediglich die Rahmenrichtlinien der ansässigen Unternehmen. Im Gegenzug verweist die Industrie auf ihre gesellschaftliche Verantwortung und fordert die Beibehaltung der freien Selbstverwaltung. Allerdings müssen Regierung und Ökonomie den Herausforderungen der Zukunft gemeinsam begegnen und im Sinne einer strategischen Wirtschaftspolitik für den Erhalt der Industrienation sorgen. Hierfür ist es zwingend erforderlich, ein Bewusstsein zu schaffen, um die Fehlentwicklungen unseres Wirtschaftssystems zu beseitigen: die Deregulierungen in der Finanzbranche seit den 1980er Jahren. Wird dieser Entwicklung nicht Einhalt geboten, dann greifen die revolutionären Kräfte des Kollektivgeistes erneut in die Gesellschaft ein und beschreiten den letzten Weg zur politischen und internationalen Gleichheit.

Vorsorgungssicherheit, Umweltverträglichkeit und Wirtschaftlichkeit sind die wesentlichen Ziele einer nationalen Energiepolitik:

a) Der Staat hat im Rahmen der Daseinsvorsorge die Aufgabe, eine flächendeckende Versorgungsinfrastruktur und eine regional möglichst ausdifferenzierte dezentrale Erzeugerstruktur zu gewährleisten: Energiesektor verstaatlichen und auf eine möglichst regionale Grundlage stellen.
b) Heimische Energieträger und erneuerbare Energiegewinnung stellen das Fundament der Versorgungssicherheit dar. Da eine größtmögliche Energieautarkie ein wichtiger Beitrag zur Versorgungssicherheit ist, muss eine möglichst breit gefächerte Bezugsquellenvielfalt (Energiemix) sowie eine deutliche Ausweitung der Rohstoffbevorratung angestrebt werden. Eine strategische Energieallianz mit Russland ist anzustreben.
c) Die Haushaltsmittel für die Forschung und Entwicklung moderner Energietechnologien sind aufzustocken.
d) Die Modernisierung vorhandener Kraftwerke ist durchzuführen und gegenüber Neubauten bei Kohle- und Gaskraftwerken vorrangig zu behandeln.
e) Auf dem Gebiet der Erforschung und Weiterentwicklung alternativer, neuer Energien muss Deutschland seine Vorreiterrolle ausbauen. Der Staat hat mit Blick auf eine nachatomare Energiepolitik nach maximaler Energieunabhängigkeit zu streben. Die energetische Gebäudesanierung ist zu fördern.

f) Umwelt- und Verkehrspolitik bilden eine Einheit. Staatlicherseits muss ein vielfältiges Angebot im öffentlichen Personennah- und Fernverkehr bereitgestellt werden. Waren- und Güterverkehr (Schwerlastverkehr) sind möglichst von der Straße auf die Bahn umzustellen. Regionale Handelskreise müssen politischen Vorrang vor dem Güterfernverkehr haben.

§6 UMWELT- UND SITTENLEHRE

Erhaltung und Wiederherstellung eines gesunden Lebensraumes für die jetzige und nachfolgende Generation ist vordringliche Aufgabe verantwortungsbewusster Umweltpolitik.

Aus diesem Grund gilt:

a) Umweltschutz ist Heimatschutz.
Der Mensch ist nicht als Herr über die Natur, sondern Teil der Natur. Er unterliegt ihren Gesetzen und kann nur bestehen, wenn die natürlichen Lebensgrundlagen erhalten bleiben: Zerstörung der natürlichen Umwelt des Menschen ist Selbstvernichtung des Menschen. Zerstörung der Erde ist Verachtung der Schöpfung und ihres Schöpfers. Der Auftrag des Schöpfers: »Macht Euch die Erde untertan bedeutet, daß der Mensch der Natur als Hüter, nicht als Ausbeuter und Zerstörer gegenübertritt. Dieses Verständnis müssen wir auch bei der Beurteilung für den neuen Bereich bzw. »Zeitalters des Weltraumtourismus« und im »Umgang bei der Besiedlung und Ausbeutung erdähnlicher Exoplanet-

en/Astroiden« (vgl. Asteroiden-Bergbau der US-Firma »Planetary Resources«, gegründet 2012) berücksichtigen.
Das kapitalistische System drängt den Menschen in einen Wachstumszwang, in dessen Folge Naturschutz zum bloßen Kostenfaktor degradiert und den Profiten von Konzernen Vorrang vor ökologisch nachhaltiger und sozial verträglicher Wirtschaftsentwicklung eingeräumt wird (vgl. z.B. »Fracking-Technologie«, Gentechnik, Nanotechnologie und Robotik).

b) Jeder Mensch hat das Recht auf Leben und auf Menschenwürde, dem Leben der Leibesfrucht gebührt von der Empfängnis an Schutz. Präimplantationsdiagnostik (PID), Embryonenzüchtungen und Biotechnologie (vgl. auch Nanotechnologie) dienen nicht der persönlichen und/oder kommerziellen Bedürfnisbefriedigung und sind nur aufgrund medizinischer Notwendigkeit (***sog. Gentherapie***) gestattet werden; d.h. die Anwendungsmöglichkeiten dieser Technik dürfen nicht als »Genuntersuchungen im Hausgebrauch« Verwendung finden und müssen gesetzlich reguliert werden.

In der Einsicht, daß die Risiken einer Technologie dem Wohle des Menschen widersprechen, gilt es diese (eine) Technologie einzuschränken bzw. sich von dieser (einer) zu verabschieden. Folglich kann die Freiheit von Forschung und Lehre nicht umfassend gewährleistet werden! Vielmehr muss sie sich den moralischen und ethischen Überzeugungen der Partei beugen.

Grundsatzrede über das Verhältnis zur Geschlechtlichkeit

Gott hat den Menschen als Mann und Frau geschaffen. Sie ergänzen sich geistig und leiblich. Sie sind Gefährten auf dem Weg des Lebens. Die Geschlechtlichkeit prägt ihre ganze Person und macht sie zu Partnern. Gleichwertig sollen sie im öffentlichen und privaten Leben zusammenwirken: als Kollegen, Kameraden, Freunde, Eheleute. Jeder – Mann und Frau, verheiratet oder nicht – hat die Aufgabe, seine Geschlechtlichkeit in der rechten Ordnung zu leben.
[2]Folglich wollen wir auch nicht diskriminieren und heucheln gegenüber homosexuellen Partnerschaften (eingetragenen). Wobei eine öffentliche Zurschaustellung (Veranstaltungen und Paraden) widerspricht einer rechten Ordnung.
Aber: *Die Geschlechtsgemeinschaft (Ehe) ist Mann und Frau als intimstes Zeichen ihrer tiefen und ausschließlichen Bindung vorbehalten, die sich durch das Kind zur Familie erweitert.*

§7 EUROPA- UND AUSSENPOLITIK

Anerkennung eines *föderativen Zusammenschlusses* Kerneuropas. Nationale Gesetze haben Vorrang vor EU-Richtlinien. So sei »Europa« ein föderatives Bündnis von christlichen Nationalstaaten zur vorübergehenden politischen oder wirtschaftlichen Zwecken (Europäischer Bund). Das Gestaltungsprinzip Europas könne allerdings über den Status eines Staatenbundes (außen- und sicherheitspolitisch begründeter Zusammenschluss souveräner Staaten. Der Staatenbund verfügt über einige gemeinsame politische Organe, in denen die Delegierten im Auftrag der Mitgliedsstaaten handeln) nicht hinaus ausgeweitet werden, weil der pflichtschuldige Bezug auf den amerikanischen Verbündeten die EU wirtschaftlich und politisch drangsaliert. Dieses Verhältnis zwingt die EU zur fortgeführten Stabilisierungs- und Demokratisierungsprozessen (z.B. Folge: Bürgerkrieg in der Ukraine 2014 usw.) auf dem gesamten europäischen Kontinent; auch unter dem Einschluss der Türkei und der Kaukasusregion. Anerkannt wird daher als oberstes internationales Gremium das System der Vereinigten Nationen, wobei das System des aktuellen Sicherheitsrates reformiert werden muss.

Aus diesem Grund gilt:

- Schaffung eines Europas der freien und souveränen Nationalstaaten.
- Nationale Sicherheitspolitik ist auf eine nationale Wehrpolitik ausgerichtet. Da deutsche Streitkräfte nicht Mittel internationaler Großmachtpolitik sein dürfen, ist die Mitgliedschaft der Bundesrepublik Deutschland in der von den Vereinigten Staaten dominierten NATO aufzukündigen. Demzufolge haben alle ausländischen Soldaten Deutschland zu verlassen; militärische Infrastruktur auf deutschem Boden darf keiner fremden Macht zur Verfügung gestellt werden. Die Privatisierung im Verteidigungssektor zu einer internationalen Interventionstruppe ist rückgängig zu machen.
- EU-Arbeitnehmerfreizügigkeit einseitig aufkündigen – Schutz der einheimischen Unternehmen!

14. Gibt es eine Wahrheit über alle Dinge?

Was ist Wahrheit? Diese philosophische Frage ist in der Literatur, Kunst und Religion oft gestellt worden. Selbstredend kann sie nicht allumfassend beantwortet werden. Vielmehr ist sie eine irdisch erschöpfende Frage. Die »Frage des Pilatus« nimmt im Kontext des Neuen Testaments daher eine besondere Stellung ein und gibt uns die Antwort, denn Jesus Christus gibt uns die Wahrheit über alle Dinge und dadurch Freiheit. So heißt es bei Joh. 8,31, dass die Wahrheit uns befreien werde! Im apokryphen Nikodemusevangelium[166] aus dem 5. Jahrhundert wird der Dialog zwischen Pilatus und Jesus Christus deutlich, so daß Pilatus auf seine Frage »Was ist Wahrheit« tatsächlich eine Antwort erhält:

»Da sagte Pilatus zu ihm: Bist du also ein König?
Jesus antwortete ihm: Du sagst es, daß ich ein König bin.
Denn dazu bin ich geboren und gekommen, damit jeder,
der aus der Wahrheit ist, meine Stimme höre.
Da fragt Pilatus: Was ist Wahrheit?
Da erwidert ihm Jesus: Die Wahrheit stammt vom Himmel.
Da fragt Pilatus: Gibt es auf Erden keine Wahrheit?

---

[166] Nikodemus-Evangelium, Pilatusakten (Acta Pilati), CAPUT III.,2, spätantikes Apokryphon, Rezension A, griech. Text gemäß K.v. Tischendorf, Evangelia Apokrypha, Leipzig 1876, netzediert und übers. von Hans Zimmermann, Görlitz 2009.

Da spricht Jesus zu Pilatus: Du sieht doch, wie die, welche die Wahrheit sagen, von den irdischen Machthabern gerichtet werden.«

Welche Aussage wollte Pilatus mit dieser Frage treffen? Und welche Antwort wollte Jesus dem Pilatus geben? Viel wurde darüber spekuliert. Der deutsche Staatsrechtler Carl Schmitt beschrieb die Haltung des Pilatus als einen Ausdruck eines »müden Skeptizismus«[167]. Jesus Christus sagte, diejenige welche die Wahrheit sagen, werden von den irdischen Machthabern gerichtet – egal in welchem Zeitalter. Es gilt auf Erden demnach immer die Wahrheit des Machthabers. Ich will meine Worte nicht als Skeptizismus oder Absage verstehen. Vielmehr als: geschaffene Realität des Stärkeren auf Erden. Die irdischen Machthaber konstruieren die Wirklichkeit nach Belieben und schaffen sich ihre eigenen Wahrheiten. Dies trifft sogar auf Egozentriker und Individualisten zu. Irdische Wahrheit ist somit immer konstruierte Wirklichkeit. Dies ist kein Phänomen der Neuzeit; vielmehr ein entwicklungsphänomenaler Prozess. Dies trifft umso mehr zu, wenn wir uns den aufkommenden Zweifel des Glaubens an die überlieferten Wahrheiten zu Beginn der christlichen Neuzeit veranschaulichen. So beschreibt die ägyptische Grabschrift auf der »Stele der Taimhotep« (42 v. Chr.) die düstere und unheilvolle Absage an die obersten traditionellen Gottheiten Ägyptens. Die einundzwanzig fein gemeißelten Hieroglyphen beschreiben den

[167] Carl, Schmitt: Der Leviathan in der Staatslehre des Thomas Hobbes, Klett-Cotta, Dritte Auflage, 2003, S.67.

damaligen Zeitgeist und bekräftigen den Skeptizismus dieser vergangenen Welt:

»Oh mein Bruder, mein Gatte, Freund, Hohepriester!
Werde nicht müde beim Trinken und Essen, beim
Rausch und bei der Liebe!
Mache dir einen schönen Tag!
Folge deinem Herzen Tag und Nacht!
Lass keine Sorgen in dein Herz, denn welchen Nutzen
Haben sonst deine Jahre auf Erden?
Was den Westen angeht, er ist das Land des Schlafes;
Dunkelheit lastet auf dem Ort, wo die Toten wohnen.«[168]

Diese Lebensausfassung zieht sich bis in den heutigen Tag hinein, denn die Gläubigen erhoffen sich keine Antwort mehr von der heiligen und apostolischen Kirche. Die Welt und insbesondere der europäische Westen ist von einer »apokalyptischen Realität« betroffen, so daß der Patriarch Kirill von Moskau dem Vorsteher der Church of England, Erzbischof von Canterbury Justin Portal Welby, wie folgt ins Gewissen reden musste: »Was wir heute in den westlichen Ländern sehen, ist viel schrecklicher als das, was mit der Religion in der Sowjetunion war. Es kommt zur Gottesleugnung. Gott wird aus dem menschlichen Leben vertrieben. Es wird das Gottesgesetz ignoriert. Besonders zerstörerisch ist, daß dieses Ignorieren in Form eines staatlichen Gesetzes gehüllt wird. Falls Menschen gezwungen werden, Sünde zu begehen, treten wir in eine apokalyptische Realität ein«.

---

[168] Wilkinson, Toby: Aufstieg und Fall des Alten Ägypten, DVA, 1. Auflage, 2010, S. 637f.

Desweiteren sagte der Sprecher des Patriarchen Alexander Wolkow: »Das ist eine Tragödie für den Westen, die sich vor unseren Augen vollzieht. Diese Tragödie des Abweichens vom Glauben, von Werten, die unsere ganze europäische Kultur im breiten Sinne bildeten. Wir können das nicht ohne Schmerzen beobachten. Wir können nicht schweigen, wenn wir sehen, wie ein Teil unserer Welt, der immer der Träger des christlichen Geistes und dieser Weltanschauung war, nun selbst vom Glauben an Gott abwich und künstlich untypische Werte beibringt, ohne die man sicher auskommen kann«.[169] Wir dürfen daher nicht länger schweigen und müssen die Schätze des überlieferten heiligen Glaubens bewahren. Bewahren müssen wir sie im Kreise unserer Familien von der Wiege bis zum Grabe. Dies ist nicht immer leicht. Allerdings müssen wir uns bemühen; denn Gott sprach: »Lasset uns den Menschen machen nach unserem Bilde und Gleichnis, der da herrsche über die Fische des Meeres und das Geflügel des Himmels und die Tiere und über die ganze Erde und alles Gewürm, das sich reget auf Erden. Und Gott schuf den Menschen nach seinem Ebenbilde; nach dem Ebenbilde Gottes schuf er ihn Mann und Weib schuf er sie. Und Gott segnete sie und sprach: Wachset und mehret euch und erfüllet die Erde und machet sie euch untertan und herrschet über die Fische des Meeres und über das Geflügel des Himmels und über alle Tiere, die sich regen auf der Erde! « (1. Moses, 1,26-28). »So ging also aus den Händen Gottes die menschliche Familie hervor. Die Familie! Das hehre Heiligtum der Autorität. Die Familie! Der lebensvolle Mittel-

---

[169] Apokalypse heute: Wie der Westen seine Kirchen zweckentfremdet, Gesellschaft, Sputnik Deutschland, 24.11.2017.

punkt, von dem die zwei edelsten Gefühle im Herzen der Menschenkinder ausgehen: die Dankbarkeit und die Ehrfurcht. Die Familie! Das will mit einem Wort die für das Ohr des Menschen am lieblichsten klingenden Namen bedeuten: Vater, Mutter, Sohn, Bruder, Tochter, Schwester [...] Und was soll ich vom väterlichen Dach, vom väterlichen Heim sagen? Nein – es gibt weder in der menschlichen Sprache entzückendere Namen, noch im Herzen des Menschen heiligere, unauslöschlichere Erinnerungen!«[170] Dies ist Teil der göttlichen Wahrheit. Konsequenterweise kann daher an der »neuen« Lehre, gemäß Amoris laetitia, nicht festgehalten werden, wenn Papst Franziskus formuliert: »Die Kirche ist im Besitz einer soliden Reflexion über die mildernden Bedingungen und Umstände. Daher ist es nicht mehr möglich zu behaupten, daß alle, die in irgendeiner sogenannten ´irregulären´ Situation leben, sich in einem Zustand der Todsünde befinden und die heiligmachende Gnade verloren haben.« (AL Nr. 301). Amoris Laetitia, von Papst Franziskus, ist ein nachsynodales Apostolisches Schreiben für das neue Ehe- und Familienpastoral in der Kirche. Die Deutsche Bischofskonferenz hat dazu am 23. Januar 2017 das Schreiben »Einladung zu einer erneuerten Ehe- und Familienpastoral im Licht von Amoris Laetitia« herausgegeben und mit diesem den Inhalt des genannten Schreibens bekräftigt. Recht und Gesetz sind demnach wandelbar; damit auch die Wahrheit. Was früher Gültigkeit hatte, ist heute Vergangenheit. Skeptisch dürfen wir daher fragen: Was ist nun Wahrheit und wie äußert sie sich? Darauf gibt es folgende

---

[170] Pfarrer Haag, Joseph: Glückliche Lebensfahrt, Verlagsbuchhandlung H.A. Berg, Gauting bei München, 1931, S. 15f.

Antwort: Es gibt zwei Arten von Wahrheit: a) Metaphysische Wahrheit und b) antimetaphysische, d.h. materialistische bzw. logisch-empirische.

Metaphysische Wahrheit ist offenbarte, planende, göttliche Weisheit eines ewigen Handelnden. Sie äußert sich im ewigen Recht, der lex aeterna und unterscheidet sich von den Gesetzen der irdischen Machthaber. »Schon die Alten unterschieden ein ius aeternum, ius divinum, ius humanum, ius gentium und ius naturale«[171]. Der Talmud hat den Satz geprägt: »Das Siegel des Heiligen, gelobt sei er, ist Wahrheit«[172]. »Die Wahrheit ist das Wesen Gottes; so muss sie mindestens in einem Attribute beglaubigt sein. Und dieses Attribut kann nicht ein körperliches, ein sinnliches sein. Als ein Attribut der Handlung muss es gegründet sein in einem Attribute der Erkenntnis, wenngleich diese Erkenntnis auf die Handlung bezogen ist. Aber die Wahrheit, als eine Wahrheit der Erkenntnis, schließt jede Art von wie immer sich selbst übersteigender Sinnlichkeit aus: daher die Intuition und die Mystik. Die Wahrheit ist Wahrheit der Erkenntnis; zwar nicht in der wissenschaftlichen Erkenntnis beschlossen, aber für die sittliche Erkenntnis, also auch für die Religion in ihr begründet. Die Intuition, wie alle Mystik, steht in Widerspruch zur logischen Vernunft. [...] Gott ist Wahrheit – bedeutet uns: nur die Vereinigung von theoretischer und ethischer Erkenntnis, nur die Vereinigung beider Kraftquellen des wissenschaftlichen Be-

---

[171] Manser, Gallus M.: Das Naturrecht, editiones scholasticae, 2011, S. 89.

[172] Cohen, Hermann: Religion der Vernunft aus den Quellen des Judentums, marixverlag, 2008, S.493.

wusstseins kann die Idee Gottes erfüllen.«[173] Gibt es also auf Erden keine Wahrheit? Nein, es gibt auf Erden keine »Wahrheit«. Vielmehr unterschiedliche Interpretationen des ewigen Rechts. Dies geschieht in Formen der Logik, von Gesetzen oder dogmatischen und moralischen (Rechts-) Vorschriften bzw. Ideologien. Dies mahnte bereits der vorsintflutliche Prophet Henoch an und sprach: »Seid nicht gottlos in eurem Herzen und lügt nicht, verkehret nicht das Wort der Wahrheit und zeihet das Wort des Heiligen und Grossen nicht der Lüge, und achtet nicht eure Götzen, denn alle eure Lüge und Gottlosigkeit dient nicht zur Gerechtigkeit, sondern zu grosser Sünde. Und nun weiss ich dieses Geheimnis, dass die Sünder das Wort der Wahrheit vielfach ändern und verdrehen werden, und daß sie schlimme Reden führen, lügen und grosse Betrügereien erfinden werden und daß sie Bücher über ihre Reden schreiben werden. Wenn sie aber alle Reden richtig niederschreiben in ihren Sprachen und nichts ändern und kürzen an meinen Reden, sondern alles richtig niederschreiben, alles, was ich zuvor über sie bezeugt habe: so weiß ich ein anderes Geheimnis, dass nämlich den Gerechten und Weisen die Bücher werden gegeben werden zur Freude, zur Rechtschaffenheit und zu vielfältiger Weisheit. Und ihnen werden die Bücher gegeben werden, und sie werden daran glauben und sich darüber freuen, und alle Gerechten, die aus ihnen alle Pfade der Rechtschaffenheit kennen lernten, werden ihren Lohn empfangen.«[174] Die antimetaphysische Wahrheit ist die materia-

---

[173] Ebenda, S. 495.

[174] Die Griechischen Christlichen Schriftsteller der ersten drei Jahrhunderte, herausgegeben von der kirchenväter-commission der königl.

listische bzw. logisch-empirische Annäherung. Thomas von A-quin definierte z.B. die Wahrheit als: die Übereinstimmung der Sache und des Intellekts (veritas est adaequatio rei et intellectus)[175]. Entsprechend gibt es unterschiedliche Wahrheitstheorien, die in der Gegenwartsphilosophie von Bedeutung sind: »Die Philosophie der sogenannten Postmoderne lehnt das Anliegen eines verbindlichen Vermittlungsgrundes ab und setzt an die Stelle der Universalkonzepte eine Pluralität wechselseitig toleranter Positionen und Sprachspiele«. In der Pluralität, Säkularisation und wechselseitiger Toleranz neuer Wahrheiten liegt die Krise der Moderne. Sie zieht sich bis in das 21. Jahrhundert hinein und führt langfristig zum Niedergang des menschlichen Typus. Nichts hat Bestand und keine Wahrheit hat Gültigkeit. Die offenbarte, planende und göttliche Weisheit wird relativiert und endlich negiert. »Die Prognosen für Europa sind nicht gut. Die Zurückdrängung der Religion aus dem Leben der Europäer dauert schon sehr lange an. Der Islam geht davon aus, daß Europa dem sicheren Untergang entgegengeht, weil die europäischen Völker von Gott abgefallen sind. In der Tat, wenn es keine Renaissance des christlichen Glaubens gibt, wird das Christentum in Europa nur noch eine untergeordnete Rolle einnehmen, aber keine kulturprägende Kraft mehr haben.«[176] Diese Wahrheit ist eine Wahrheit der Erkenntnis: Erkenntnis einer gelebten Wirklichkeit.

---

preussischen Akademie der Wissenschaften, Das Buch Henoch, Leipzig 1901, S. 137, Cap. 104, 9-13.

[175] Anzenbacher, Arno: Einführung in die Philosophie, Herder, 8. Auflage, 2002, S. 208.

[176] Geis, Norbert, MdB: Renaissance der Religion. Erneuerung im Glauben, in: Ratzinger, Georg/Zörb, Roger (Hrsg.),

15. Fin de Siécle

Fin de Siécle: Warum habe ich vorgelegten Siécle geschrieben? In erster Linie aus folgendem Grund: Vor einigen Jahren erreichte mich folgender Brief eines älteren Herren mit diesen Worten: »Werter Herr Kerscher [...] Doch wir müssen uns auch bewußt machen in welcher realen Welt wir leben. Diese Welt ist bewußt geschaffen worden. Sie ist fest etabliert und nicht mehr umkehrbar. Die Staatlichkeit, das Recht, die Landwirtschaft und die allgemeinen christlichen Lebensgrundlagen lassen sich nicht mehr in ihre Idealform zurückführen. Deutschland befindet sich in einem starken Strom, der in den Abgrund führt. Deutschland ist das moderne Babylon. Es muss und wird untergehen. Erst dann könnte von fernen Generationen ein neues Deutschland aufgebaut werden, wenn man dann noch den Begriff Deutschland kennt. In zweieinhalb Jahren habe ich mein Rentenalter erreicht. Schon seit längerer Zeit beschäftige ich mich mit dem Gedanken: Wo will ich in meiner zukünftigen Freiheit leben? Ich bin mir ziemlich sicher, daß ich in die Taiga oder Karelien gehe. Dort bin ich zwar der Fremde, kann aber als Mensch leben. Der russische Bär bietet mir Schutz und eine Lebensgrundlage bzw. ist die Rente meine Grundlage. Westdeutschland ist mir einfach zu widerwärtig«. Mich haben diese Worte sehr getroffen. Die Not

---

Zum 80. Geburtstag, Festschrift der Gesellschaft zur Förderung öffentlicher Verantwortung e.V. für den Heiligen Vater Papst Benedikt XVI. 16. April 2007, 2. Auflage August. 2007, S.94.

ändert vieles – sagt man. Nichts ist unerträglicher als die Nutzlosigkeit des Alltages und die massenhafte (missbräuchliche) Rechtsvergewaltigung. Die reale Welt ist nunmehr frei von sittlichem oder tugendhaftem Denken. Als Vernunftswesen haben wir praktisch versagt, weil wir die Welt der Natur zerstört und den Menschen schrittweise degeneriert haben. Gewiss, in der Medizin und Technik haben wir Meisterhaftes geschaffen. Aber materieller Wohlstand und der Durst nach *Mehr* ist für die Sinne des Menschen zerstörerisch. Und hier zeigt sich die volle Klarheit meines Siécle, daß die libertäre Ideologie zwar die materiellen Lebens- und Lustgefühle der Menschen fördert, aber andererseits die geistige Verdrehtheit und Perversion ihren freien Lauf ebnet. Um es mit voller Klarheit zu sagen: Die Finalität der Menschenart ist eingeläutet und dies ist die zweite Linie warum ich diesen Siécle geschrieben habe. Ich brauche mich nicht über den geschriebenen Inhalt rechtfertigen und werde dies auch in Zukunft nicht tun. Vielmehr betone ich, daß es zwei finale Elemente der »Menschenart« gibt: a) Künstliche Intelligenz und b) Gender. Zwei geschaffene Konstrukte die den Anfang einer neuen Menschenart bilden. Künstliche Intelligenz erlebte zu Beginn des 21. Jahrhundert einen Boom und diverse Unternehmen investierten Milliarden für technologische Entwicklungen. Sie unterschätzten allerdings die Lernfähigkeit ihrer »Spielzeuge«. Ebenso beachteten sie nicht die Auswirkungen der hohen Anzahl freigesetzter Arbeitskräfte: d.h. sie ignorierten das Heer der arbeitslosen Arbeiter, die mit Kurzarbeit, Mindestlohn und Grundeinkommen abgefüttert wurden. Es ging hierbei niemals um die Maschinen, die Schach, Dame oder AlphaGo spielten. Dies waren propagandistische Meisterleistungen der Unternehmen. Vielmehr ging es von Anfang an um den Produktionsfaktor Mensch und damit um seine Arbeitkraft. Diese galt und gilt es zu optimieren, ganz gleich wie. »Ein so fernes und doch so nahes Prinzip … Noch heute leben wir in Gilgameschs Vision, daß die menschlichen Beziehungen – und damit auch die Menschheit selbst – einen Störfaktor bei der Arbeit und der Effizienz bilden, daß die Leute bessere Leistungen erbringen würden, wenn sie ihre Zeit und Energie nicht auf nicht produktive Dinge »verschwenden« würden. Noch heute betrachten wird die Domäne des Menschseins (menschliche Beziehungen, Liebe, Freundschaft, Schönheit, Kunst usw.) oft als unproduktiv, vielleicht mit Ausnahme der Reproduktion (Fortpflanzung), die allein (buchstäblich) produktiv (reproduktiv) ist. Das Bemühen, die Effektivität um jeden Preis zu maximieren, diese Stärkung des Ökonomischen auf Kosten des Menschlichen, reduziert die Menschen in der ganzen Breite ihres Menschseins zu einem bloßen Produktionsfaktor.«[177] Wir leben auf Messerschneide und wollen es nicht begreifen. Dem ungeachtet wurde mir von einem Arbeitskollegen der Vorzug einer »vollautomatisierten – handwerklichen Backstube« vorgetragen. Kurz, er spare sich dadurch Zeit, eine menschliche Arbeitskraft und das Essen sei genormt. Die neoklassische Ökonomie hat sich bis zum kleinsten Handwerksbetrieb ausgebreitet. Tomás Sedlácek vermerkt dazu: »Zu den großen Tricks (manche sagen: »Erkenntnissen«) der neoklassischen Ökonomie gehört, daß die Arbeit behandelt wird, als wäre sie lediglich ein weiterer

[177] Sedlácek, Tomás: Die Ökonomie von Gut und Böse, Goldmann, 2013, 36.

Produktionsfaktor. Der Output wird als Funktion des Inputs geschrieben – Stahl, Maschinen und Arbeit. Die Mathematik behandelt die Arbeit wie alle anderen Güter und verführt uns dazu, sie so zu betrachten wie Stahl oder Kunststoffe. Die Arbeit unterscheidet sich jedoch von allen anderen Gütern. Beim Stahl spielt das Arbeitsumfeld keine Rolle – das Wohl des Stahls interessiert uns nicht«[178]. Das Perfide bei der Entwicklung künstlicher Intelligenz ist das Spiel mit den menschlichen Emotionen. Künstliche Intelligenz hat noch keinen Namen. Sie kann zwar noch nicht sehen wie Menschen, aber in jeder neuen Millisekunde prasseln zahllose Eindrücke auf jedes dieser neuen Konstrukte. Folgerichtig bewegt, mimt, kommuniziert es mit menschlichen Zügen, um beim Menschen das Gefühl von Zuneigung zu erwecken. Die negativen Aspekte wollen wir nicht begreifen und wir werden erst am Tage der technologischen Singularität in einem Albtraum aufwachen: einem Albtraum geschaffen durch eine Superintelligenz. Ein anderer Albtraum ist gelebte Wirklichkeit und nennt sich Gender. Gender geht weit über die Forderung nach einer Stärkung gleichgeschlechtlicher Partnerschaften oder deren Forderung nach einer Adoption von Kindern hinaus. Gleichgeschlechtliche Partnerschaften, Ehe, Adoption sind gesellschaftlich anerkannt und rechtlich konform. Gender treibt dies noch ein wenig weiter, denn Geschlecht ist nicht gleicht Geschlecht. »Im Englischen spricht man von sex oder gender, im Deutschen gab es diesen Unterschied nicht, es gab nur »das Geschlecht«. Inzwischen hat auch der Duden den Begriff Gender aufgenommen und definiert ihn als: »Geschlechtsidentität des

[178] Ebenda, S. 38.

Menschen als soziale Kategorie«. Das bedeutet, daß das Geschlecht eines Menschen nicht nur über biologische Merkmale zugeordnet wird – also über die Geschlechtsorgane (sex), sondern daß biologische, soziale und kulturelle Faktoren das Verständnis eines Menschen über sein Geschlecht prägen (gender)[179]. Was ist nun das Problem? Das Problem ist, daß wir Mann und Frau neu denken müssen.

Selbstverständlich ist Gender auch ein Thema für die Theologie: »In Deutschland gibt es drei Professuren für feministische Theologie beziehungsweise für Genderforschung. Damit die Ergebnisse der Forschung die Kirche erreichen, hat die Evangelische Kirche in Deutschland (EKD) ein Studienzentrum für Genderfragen geschaffen. Die Gender- und Gleichstellungsreferate in den Landeskirchen sowie Einrichtungen für kirchliche Frauen- und Männerarbeit tragen die Ergebnisse dann weiter in die gemeindliche Praxis«[180]. Gott ist nicht tot: Gott ist männlich und weiblich. Verstehen Sie? Genderideologie zerstört Ehe und Familie. Es ist ein Eingriff in die Natur und diskriminiert jahrtausendalte Traditionen. Nein, es zerstört die Schöpfungsordnung und die Geschlechtsidentität ist zum Spielball politischer Ideologien geworden. In diesem Sinne werden viele Begriffe neu geschaffen, um die Geschlechtsidentitäten neu zu definieren. Entsprechend ist die fundamentalistische Lesart der Bibel: »Mit neuen Übersetzungen dem Text einen anderen Klang geben« lautet die Devise. »An diese innerbiblische Schrifthermeneutik

---

[179] National Geographic: Gender,Januar 2017, Editorial.

[180] Janssen, Claudia: Gott ist männlich und weiblich, Serie: Gender in der Forschung (8), der Tagesspiel, 03.11.2015.

knüpfen geschlechterbewusste Theologien an, wenn sie die Texte heute auslegen. Methodisch können sie dabei auf ein historisch-kritisches Instrumentarium zurückgreifen, sowie interdisziplinär auf sozialgeschichtliche, philosophische, religions-, kultur- und literaturwissenschaftliche Forschungen. Oft reicht auch schon eine neue textgerechte Übersetzung aus, um einem vertraut scheinenden Text einen anderen Klang zu geben. In der »Bibel in gerechter Sprache« haben 52 Fachwissenschaftler_innen auf der Basis aktueller exegetischer Forschungen die Texte aus dem hebräischen oder griechischen Ausgangstext übersetzt und dabei nach einer Sprache gesucht, die die Vielstimmigkeit der Texte für die Gegenwart verständlich macht. Hier lautet Gen 1,27 so: »Da schuf Gott Adam, die Menschen, als göttliches Bild, als Bild Gottes wurden sie geschaffen, männlich und weiblich hat er, hat sie, hat Gott sie geschaffen.« Gott kann nicht vor allem männlich sein. Ein weiteres Beispiel für diese Politik ist das Gendern der bundesdeutschen Nationalhymne: so hat die Gleichstellungsbeauftragte des Bundesfamilienministeriums, Kristin Rose-Möhring, »anläßlich des Internationalen Frauentags eine Änderung des Textes der Nationalhymne gefordert. Aus »Vaterland« solle »Heimatland« werden, aus der Zeile »brüderliche mit Herz und Hand« solle »couragiert mit Herz und Hand« werden, zitiert die Bild am Sonntag aus einem Schreiben der Ministeriumsbeauftragten«.[181] Der aufmerksame Leser wird nun die Psychologie des demokratischen Geschmacks verstehen und die Dimensionen der Toleranz begreifen. Worte bekommen heute eine neue Bedeutung

---

[181] Junge Freiheit: Frauenbeauftragte will Nationalhymne gendern, 04.03.2018.

und offenbaren uns die Unfähigkeit des Widerstandes. Wir sind zu einer dekadenten Gesellschaft verkommen und geben dem amateurhaften Lallen auftretender Gaukler Beifall. Es ist schwierig, die richtigen Worte für diesen Zustand zu finden. Die Wahrheit ist, daß die Entartung unseres Seelenzustandes zu weit fortgeschritten ist, um sie zu beschreiben. Ich habe gelernt, daß der Einzelmensch die Zelle der Gesellschaft ist: d.h. das Wesen des Einzelmenschens ist das Abbild der Gesellschaft. Wenn nun, wie beschrieben, der Einzelmensch seine natürliche Geschlechtlichkeit und Schaffenskraft aufgibt, verliert die traditionelle Gesellschaft ihren Wert und die Anarchie, die dann eintritt, stellt den Zerfall der Gesamtheit dar. Ganz richtig, ich brauche mich demnach nicht zu entschuldigen, wenn ich meinen Siécle mit den einzigartigen Worten von Max Mordau über die Entartung beende: [182]»[…] Für so kindlich hält mich hoffentlich Niemand, daß ich mir einbilde, Entartete zur Vernunft bringen zu können, wenn ich ihnen noch so unwiderleglich und überzeugend nachweise, daß sie geisteskrank sind. Wer von Berufs wegen mit Irrsinnigen viel zu thun hat, der weiß, daß es gänzlich aussichtlos ist, sie durch Ueberredung oder Gründe zur Anerkennung der Unwirklichkeit und Krankhaftigkeit ihrer Wahnvorstellungen bewegen zu wollen. Das Einzige, was man erreicht, ist, daß sie im Arzt entweder einen Feind und Verfolger sehen und ihn grimmig hassen, oder daß sie ihn für einen verständnisunfähigen Dummkopf halten und belächeln. Den Fanatikern der irrsinnigen Moderichtungen in Kunst und Schriftthum, die, ohne eigentlich geistes-

---

[182] Mordau, Max: Entartung, zweiter Band, 2. Auflage, Verlag von Carl Duncker, Berlin 1893, S.545ff.

krank zu sein, doch an der Grenze des Wahnsinns stehen, predigt man ebenfalls vergebens, daß sie sich für Verirrung und Aberwitz begeistern. Sie glauben es nicht und können es nicht glauben. Denn die Werke, deren Tollheit jeder Vernünftige auf den ersten Blick erkennt, gewähren ihnen thatsächlich Lustgefühle. Sie sind ein Ausdruck ihrer eigenen geistigen Verdrehtheit und der Perversion ihrer eigenen Triebe, die Halbnarren gerathen beim Lesen oder Betrachten dieser Werke in eine Erregung, die sie für eine ästhetische halten, während sie thatsächlich eine wollüstige ist, und diese Empfindung ist eine so echte und unmittelbare, sie sind ihrer so sicher, daß sie sich nur ärgern oder Mitleid empfinden können, wenn man ihnen klar machen will, daß die Werke keinen Genuß bieten, sondern Ekel und Verachtung hervorrufen. Es ist möglich, einen Gewohnheitstrinker zu beweisen, daß Absinth schädlich ist, aber es ist schlechterdings unmöglich, ihn zu überzeugen, daß er schlecht schmeckt. Ihm schmeckt er nämlich wirklich verführerisch schön. [...] Sie führen den Namen der Freiheit im Munde, wenn sie ihr faules Ich als ihren Gott ausrufen, und nennen es Fortschritt, wenn sie das Verbrechen preisen, die Sittlichkeit leugnen, dem Trieb Altäre bauen, die Wissenschaft verhöhnen, ästhetische Tagedieberei als einzigen Lebenszweck hinstellen. Aber ihre Anrufung der Freiheit und des Fortschritts ist freche Lästerung. Wie kann von Freiheit die Rede sein, wenn der Trieb allmächtig sein soll? Man denke doch an den Grafen Mussat in Zolas Nana: »Manchmal war er ein Hund. Sie warf ihm ihr parfümiertes Taschentuch in die Ecke und er musste nachlaufen, auf allen Vieren, um es mit den Zähnen zu holen. ›Bring, Cäsar, na warte, du Faulpelz! Schön, Cäsar, artig!

Aufwarten!´ Und er liebte die Erniedrigung, er schwelgte im Genuß, ein Vieh zu sein, er wollte noch tiefer sinken, er schrie: ´Schlag doch zu! Wau! Wau! Ich bin toll! Hau mich doch!«. Das ist die Freiheit eines »Emanzipierten« im Sinne der Entarteten! Er darf ein Hund sein, wenn sein toll gewordener Trieb ihm befiehlt, ein Hund zu sein! Und wenn der »Emanzipierte« Ravachol heißt und sein Trieb zum Verbrechen ihm befiehlt, ein Haus mit Dynamit in die Luft zu sprengen, so hat der friedliche Bürger, der in diesem Hause schläft, die Freiheit, aufzufliegen und als blutiger Regen von Fleischfetzen und Knochensplittern wieder zur Erde zu gelangen. Fortschritt ist nur durch Steigerung der Erkenntnis möglich, diese aber ist die Arbeit des Bewußtseins und Urteils, nicht des Triebes. Den Gang des Fortschritts kennzeichnet die Erweiterung des Bewußtseins und die Einschränkung des Unbewußten; die Kräftigung des Willens und die Schwächung der Zwangsantriebe, die Erhöhung der Selbstverantwortlichkeit und die Unterdrückung der rücksichtslosen Selbstsucht. Wer den Trieb zum Herrn des Menschen macht, der will nicht Freiheit, sondern schmachvollste, niedrigste Sklaverei, Knechtung der Einsicht des Individuums durch seine törichtsten und selbstzerstörendsten Begierden, Knechtung des brünstigen Mannes durch die wahnsinnigste Laune einer Freudendirne, Knechtung des Volkes durch einige stärkere und gewaltthätige Persönlichkeiten. Und wer die Lust über die Zucht und den Zwangsantrieb über die Selbstzügelung setzt, der will nicht den Fortschritt, sonder die Umkehr zur ältesten Tierheit. Umkehr, Rückfall, das ist überhaupt das wirkliche Ideal dieser Bande, die sich untersteht, von Freiheit und Fortschritt zu sprechen. Sie will die Zukunft sein.

Das ist einer ihrer Hauptansprüche. Das ist eines der Mittel, mit denen sie die meisten Simpel fängt. [...] Die Entarteten lallen und stammeln statt zu sprechen. Sie stoßen einsilbige Schreie aus, statt grammatikalisch und syntaktisch gegliederte Sätze zu bauen. Sie zeichnen und malen wie Kinder, die mit unnützen Händen Tische und Wände beschmutzen. Sie machen Musik wie die gelben Menschen Ostasiens. Sie mischen alle Kunstgattungen durch einander und führen sie zu den Urformen zurück, die sie hatten, ehe die Entwicklung sie differenziert hat. Jeder Zug an ihnen ist atavistisch[183] und wir wissen ja überhaupt, daß Atavismus eines der ständigsten Merkmale der Entartung ist. [...] Und noch entschiedener gilt es, gegen die kotlöffelnde Schweinebande der berufsmäßigen Pornographen Partei zu nehmen. Diese haben keinen Anspruch auf das Maß von Mitleid, das man den eigentlichen Entarteten als Kranken immerhin gönnen mag, denn sie haben ihr niederträchtiges Gewerbe frei gewählt und betreiben es aus Gewinnsucht, Eitelkeit und Arbeitsscheu. Die systematische Aufreizung der Lüsternheit bringt dem einzelnen Menschen den schwersten Schaden an der leiblichen und geistigen Gesundheit und eine aus geschlechtlich überreizten Individuen bestehende Gesellschaft, die keine Selbstbeherrschung, keine Zucht, keine Scham mehr kennt, geht dem Untergang entgegen, da sie zu stumpf und schlaff ist, um noch größere Aufgaben erfüllen zu können. Der Pornograph verseucht die Quellen, aus denen das Leben der künftigen Geschlechter fließt. Keine Arbeit ist der Gesittung so mühselig geworden wie die der Bändigung der

[183] Atavismus: Verhaltensweisen aus einem früheren entwicklungsgeschichtlichen Stadium.

Lüsternheit. Der Pornograph will uns um die Frucht dieser härtesten Anstrengung der Menschheit bringen. Für ihn dürfen wir keine Schonung haben. […] Die »Freiheit« und »Modernität«, der »Fortschritt« und die »Wahrheit« dieser Burschen sind nicht die unsrigen. Wir haben nichts mit ihnen gemein. Sie wollen Schwelgerei, wir wollen Arbeit. Sie wollen das Bewußtsein im Unbewußten ersäufen, wir wollen das Bewusstsein stärken und bereichern. Sie wollen Gedankenflucht und Faselei, wir wollen Aufmerksamkeit, Beobachtung und Erkenntnis. Daran mag jeder die echten Modernen erkennen und von den Schwindlern, die sich Moderne nennen, sicher unterscheiden: wer ihm Zuchtlosigkeit predigt, der ist ein Feind des Fortschritts, und wer sein Ich anbetet, der ist ein Feind der Gesellschaft. Diese hat Nächstenliebe und Opferfähigkeit zur ersten Voraussetzung und der Fortschritt ist die Wirkung immer härterer Bezwingung des Tiers im Menschen, immer strafferer Selbstzügelung, immer seinem Pflicht- und Verantwortlichkeitsgefühls. Die Emanzipation, für die wir wirken, ist die des Urteils, nicht die der Begierden.«
Folglich sind die schmierigen Ideen des *Siécle* ein Gift und die gepredigte Toleranz seine Phiole. Zerfall und Niedergang ist ihr Name und der *Kreis der zivilisierten Völker* wälzt sich in purer Selbstbeweihräucherung darin und fühlt sich wohl…

Ende

Literatur

Dieses Verzeichnis enthält nur die zitierten Monographien, Ausgaben und Sammelbände. Alle weiteren Angaben zu Zeitungs-, Zeitschriften- und Internetbeiträgen finden sich in Fußnoten.

Anzenbacher, Arno: Einführung in die Philosophie, Herder, 8. Auflage, 2002.
Augustin Barruel: Denkwürdigkeiten zur Geschichte des Jakobinismus, Bd.:3, Münster, Leipzig (1801), Signatur: Gall.rev.68 b-3, Bayerische Staatsbibliothek, Münchner DigitalisierungsZentrum.
Chardin, Teilhard: Das Ende der Art, 1952, in: Die Zukunft des Menschen, Pierre Teilhard de Chardin Werke, Band 5, Walter Verlag, 1963.
Cohen, Hermann: Religion der Vernunft aus den Quellen des Judentums«, marixverlag, 2008.
Core, Al: Die Zukunft.Sechs Kräfte, die unsere Welt verändern; Siedler Verlag, München 2013.
Dawkins, Richard: Der Gotteswahn, Ullstein, 5. Auflage 2007.
Edward, Bernays: Propaganda.Die Kunst der Public Relations, orange press, 2015, S.19.
Filzmaier, Peter et al.: Internationale Politik, Verlag Utb, Wuv Universitätsverlag 2006.
Fox, Robin Lane: Die Klassische Welt. Eine Weltgeschichte von Homer bis Hadrian, Klett-Cotta, 2010.
Franz Schachermeyr: Griechische Geschichte, W. Kohlhammer GmbH., Stuttgart, 1960.

Gerritzen, Daniel: Erstkontakt, Kosmos, 2016.
Goeller, Tom: Freimaurer.Aufklärung eines Mythos, Weltbild, 2016.
Holland, Tom: Rubikon.Triumph und Tragödie der Römischen Republik, Klett-Cotta, Stuttgart, 2015.
Hug, Josef: Die christliche Familie im Kampf gegen feindliche Mächte, Freiburg, Universitätsbuchhandlung, 1903.
Imbusch, Peter; Zoll, Ralf (Hrsg.): Friedens- und Konfliktforschung. Eine Einführung, 4. überarbeitete Auflage, VS-Verlag für Sozialwissenschaften, April 2006.
Intelmann, Peter (Hrsg.): Franz L. Neumann: Chancen und Dilemma des politischen Reformismus, Nomos Verlagsgesellschaft, Band 66, Baden-Baden 1996.
Jansen, H. Ludin: Die Henochgestalt.Eine vergleichende Religionsgeschichtliche Untersuchung, Kommisjon Hos Jacob Dybwad, Oslo 1939.
Kerscher, Herwig: Leuchtfeuer Freiheit, Rediroma-Verlag, 2018.
Klußmann, Uwe: Kriegsherr im Reich der Ideen, in: Saltzwedel Johannes (HG.): Die Aufklärung.Das Drama der Vernunft vom 18. Jahrhundert bis heute, Deutsche Verlags-Anstalt, 1. Auflage August 2017.
Kurzweil, Ray: Menschheit 2.0.Die Singularität naht, lola books, 2014.
Lefebvre Marcel: Offener Brief an die ratlosen Katholiken, Sarto-Verlag, 2009.
Lukrez: Über die Natur der Dinge, Zweites Buch: Wider ein teleo-gisches Weltbild, Vers 1090, Verlag Galiani Berlin, 1. Auflage 2014.
Manser, Gallus M.: Das Naturrecht.In thomistischer Beleuchtung, editiones scholasticae, editiones scholasticae is an imprint of Ontos Verlag 2011.

May, Georg: 300 Jahre Gläubige&Ungläubige Theologie, 1 Auflage, Sarto Verlagsbuchhandlung GmbH Stuttgart, 2017.
Mordau, Max: Entartung, erster Band, 2. Auflage, Verlag von Carl Duncker, Berlin 1893.
Nietzsche, Friedrich: Gesammelte Werke.Jenseits von Gut und Böse, Gondrom Verlag GmbH, Bindlach 2005.
Oslo, Allan: Freimaurer, Albatros Verlag, Düsseldorf, 2002.
Oswald Spengler: Preussentum und Sozialismus, C.H.Beck´sche Verlagsbuchhandlung, München 1922.
Paulsen, Friedrich: Einleitung in die Philosophie, 9. Auflage, Cotta´sche Buchhandlung Nachfolger GmbH, Stuttgart und Berlin 1903.
Petersdorff, Egon von: Daemonologie.Zweiter Band. Daemonen am Werk, Christiana-Verlag, 1982.
Ratzinger, Georg/Zörb, Roger (Hrsg.): Zum 80. Geburtstag, Festschrift der Gesellschaft zur Förderung öffentlicher Verantwortung e.V. für den Heiligen Vater Papst Benedikt XVI. 16. April 2007, 2. Auflage August. 2007.
Rauterberg, Hanno: Die Kunst und das gute Leben.Über die Ethik der Ästhetik, edition suhrkampf, SV, 2. Auflage 2015.
Rousseau, Jean-Jacques: Gesellschaftsvertrag, Reclam Verlag, 2008.
Russel, Bertrand: Philosophie des Abendlandes, Anaconda, 2017.
von Scheffer, Thassilo: Die Kultur der Griechen, Phaidon-Verlag, Wien, 1935.
Schmitt, Carl: Der Leviathan in der Staatslehre des Thomas Hobbes, Klett-Cotta, Dritte Auflage, 2003.
Schopenhauer, Arthur: Die Welt als Wille und Vorstellung, 2. Band, Insel Verlag, Erste Auflage 1996.
Sedlácek, Tomàs: Die Ökonomie von Gut und Böse, Goldmann, 4. Auflage, München 2013.

Spengler, Oswald: Der Untergang des Abendlandes, C.H. Beck, München 1922.
Weber Max: Wirtschaft und Gesellschaft. Grundriß der verstehenden Soziologie, 1. Halbband, Tübingen 1956/1980.
Wilkinson, Toby: Aufstieg und Fall des Alten Ägypten, DVA, 1. Auflage, 2010.
Ziegler, Jean: Ändere die Welt!.Warum wir die kannibalische Weltordnung stürzen müssen, C.Bertelsmann, 6.Auflage 2015, München.

Im Rediroma-Verlag sind ferner erschienen:

Herwig Kerscher
Leuchtfeuer Freiheit – Irrungen des liberalen Prinzips

Der Titel ist Programm:

Herwig Kerscher, Politikwissenschaftler B.A., wagt mit »Leuchtfeuer Freiheit« den Blick auf das westliche Demokratieverständnis. Er identifiziert die »Irrungen des liberalen Prinzips« und öffnet seinem Leser die Augen. Vor allem aber lädt das Buch ein, den Spuren der Demokratie zu folgen.
Denn, so Kerscher, widersprechen die Verheißungen der politischen Freiheit dreist der Wahrheit.

Herwig Kerscher
Im Kampfe gegen feindliche Mächte

Die Predigten des Domkapitulars Gall Josef Hug in seiner Schrift »Die christliche Familie im Kampfe gegen feindliche Mächte« sind Gegenstand heutiger Not geworden. Mannigfaltig haben sich unsere Lebensverhältnisse seit dieser Zeit verändert. Mannigfaltig haben sich auch unsere moralischen Maßstäbe geändert und umso provozierender ist die Neuausgabe jenes Buches unter dem Titel »Im Kampfe gegen feindliche Mächte«. Der Inhalt dieses Buches ist durchdrungen von kirchlichem Geiste, gehaltvoll, praktisch und eindringlich. Nichtweniger trägt es zur Erneuerung des Familienlebens, der Gesellschaft und Erziehung bei.
